装饰世界-2

别墅风水

中国首席女风水师李东秀○主编

南海出版公司

编者简介

李东秀，中国首席女风水师，大易国际建筑风水文化研究院院长，上海坤岳商务咨询有限公司总顾问。她出身易学世家，拥有20年风水堪舆经验，为几万人做过人生策划、风水规划，服务过数十家500强企业，常年担任多家房地产公司的风水顾问，被誉为"东方易坛一枝独秀"！

著有《家装风水518例》、《图说开运全书2800例》、《图说面诊全书2800例》等。

别墅，这个"别"字是相对于普通家宅而言的，是别墅必须具备的第一个重要元素。就其地理位置而言，别墅必须位于郊区，但是又不能离市区太远。现代的成功人士在享受名利的同时，也要承受相对一般人来说更大的压力，因此他们都想有一个静谧的处所休养生息。但是，在车水马龙的大都市里，即便你紧闭门窗，依然难寻出一处静谧的天地来。这时，寻找一处紧邻都市的别墅，作为休养生息的场所，既可放松身心，又不耽误日常忙碌的工作，可谓绝佳之选。这个"别"也就显得难能可贵。

在中国几千年的建筑史上，始终贯穿着一种精神，即"天地人合一"。一栋完美的别墅，必须与所处的地理环境完美融合。别墅除了要在城市的近郊，还需要有得天独厚的地理和山水资源，即风水上所说的"倚山环水，藏风聚气"。风水学认为，水为阳，山为阴，山水相依，阴阳相生相济，方能生生不息。水为财，山为靠，倚山环水在风水中代表后有靠山，前有财运。但山有吉山和凶山，水也有吉水和凶水，并不是所有有山有水的地方都适合居住。在山水间建筑别墅，风水方面的要求要比在都市里建房更

最完美的别墅

多、更全面。要建筑一间完美的别墅，就不得不考虑风水方面的因素。

本书就是这样一部指导您寻找中国最完美别墅的专业著作。在本书中，有最全面的购房选址指南，不但阐述了构建完美别墅所需要的大环境风水，更精选了近三百张别墅大门和别墅外观图进行实例剖析，让读者更直观、更彻底地了解别墅外观环境风水。还有最有益的居家布局建议，包括玄关风水、客厅风水、卧室风水、书房风水、餐厅风水、卫浴风水、阳台风水……由外到内，让别墅内外环境皆吉祥如意。

作为一名追求高品质生活的成功人士，要拥有一间舒适的别墅并不难，难的是寻找一处符合您梦想的"dream house"，这样的"dream house"，环境得天独厚，风水和谐完美，住在里面，人居两旺，聚气生财，金玉满堂！那么，接下来，就翻开此书，让我们一起踏上寻找中国最完美别墅的旅程吧！

特别鸣谢

大易国际建筑风水文化研究院成立于2002年7月，本院自成立以来，坚持以传统的易经易理为基础，结合先进的科学技术，以学术研究平台为依托，借助先进的网络时代不断创新和发展，同时向海内外高等院校、专业研究机构和广大易学爱好者提供全方位、多层次、高质量的专业服务，大力促进学术交流和成果转换，构建中国传统文化现代信息传播平台，打造民族易学文化品牌。学院更注重实战性，巧妙地运用现代经营理念和思路将易学预测技术应用于建筑产业、企业发展、个人成长中，以专心、专注、专业的态度为人们创建和谐环境、改变运势、增强良好能量磁场，为企业打造风水旺盘、精选福址筑就百年企业，协助个人策划美好人生，致力于中华传统易学文化研究、应用、传播及普及。

地　址：上海市徐汇区虹桥路333号慧谷创业大厦506A
研究院网址：www.yijing365.com
电　话：021—33632636、33632638或13761492516
传　真：021—33632636转8022
吉祥物加盟热线：13585979736或021—33632636转8018
E-mail：523025292@qq.com

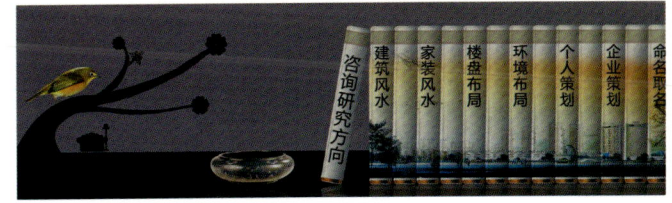

第一章　选择风水宝地，构建吉祥别墅

第四章 | 别墅内部的开运布局

第五章　别墅装修风水实例

第一章
选择风水宝地，构建吉祥别墅

《阳宅爱众篇》认为："阳宅须教择地形，背山面水若有情。山有来龙昂秀发，水须转抱作环形。明堂宽大斯为福，水口收藏金满盈。关煞二方无障碍，光明正大旺门庭。"在古人的眼里，风水的好坏直接关系到是"家代吉昌"还是"门族衰微"。而现代的中国人不管身处何地，都会以置业安居为主要目标。既然付出了那么多的心血来购买住宅，当然希望它不但可以住得舒适，还可以使家中丁财两旺。

居家风水对人的影响实际上表现为无形感应和有形体现两方面。无形感应是指你的思维和精神智慧；有形体现则是体现在你的事业运、爱情运、健康运及财运上。"建筑是物，风水是魂"，要打造吉祥别墅，首先就必须选择好的风水。那么，现在就让我们一起来走近风水，择一块宝地安居乐业。

第一节

住宅选址十大风水原则

① 整体系统原则

风水理论把环境作为一个整体系统，这个系统以人为中心，包括天地万物。环境中的每一个子系统都是相互联系、相互制约、相互依存、相互对立、相互转化的。风水学的功能就是要宏观地把握各子系统之间的关系，优化结构，寻求最佳组合。

风水学充分注意到环境的整体性。如《黄帝宅经》主张"以形势为身体，以泉水为血脉，以土地为皮肤，以草木为毛发，以舍屋为衣服，以门户为冠带，若得如斯，是事严雅，乃为上吉"。清代姚廷銮在《阳宅集成》卷《丹经口诀》中强调整体功能性，主张"阴宅须择好地形，背山面水称人心，山有来龙昂秀发，水须围抱作环形，明堂宽大为有福，水口收藏积万金，关煞二方无障碍，光明正大旺门庭"。

整体原则是风水学的总原则，其他原则都从属于整体原则，以整体原则处理人与环境的关系是现代风水学的基本特点。

② 因地制宜原则

因地制宜，即根据环境的客观性，采取适宜于自然的生活方式。《周易·大壮卦》提出："适形而止。"先秦时的姜太公倡导因地制宜，《史记·货殖列传》记载："太公望封于营丘，地潟卤，人民寡，于是太公劝其女功，极技巧，通渔盐。"

中国地域辽阔，各地气候差异很大，土质也不一样，建筑形式亦不同。西北干旱少雨，人们就选择穴居式窑洞居住，窑洞位多朝南，施工简易，不占土地，节省材料，防火防寒，冬暖夏凉，人可长寿，鸡多下蛋。西南潮湿多雨，虫兽很多，人们就建造栏式竹楼居住。《旧唐书·南

↑因地制宜，即根据环境的客观性，采取适宜于自然的生活方式。

蛮传》记载："山有毒草，虱腹蛇，人并楼居，登梯而上，号为干栏。"楼下空着或养家畜，楼上住人。竹楼空气流通，凉爽防潮，大多修建在依山傍水之处。此外，草原的牧民采用蒙古包为住宅，便于随水草而迁徙，贵州山区和云南大理人民用山石砌房，华中平原人民以土建房，这些建筑形式都是根据当时当地的具体条件而创立的。

因地制宜是务实思想的体现。根据实际情况，采取切实有效的方法，使人与建筑适应自然，回归自然，返璞归真，天人合一，这正是风水学的真谛所在。

❸ 依山傍水原则 ✿

依山傍水是风水最基本的原则之一，山体是大地的骨架，水域是万物生机之源泉，没有水，人就不能生存。考古发现的原始部落遗址几乎都位于河边台地，这与当时狩猎、捕捞、采摘果实的生活形态相适应。

建筑依山的形式有两类，一类是"土包屋"，即三面群山环绕，中间空旷平坦，南面敞开，房屋隐于万树丛中。湖南岳阳县渭洞乡张谷英村就处于这样的地形中。五百里幕阜山余脉绵延至此，在东北西三方突起三座大峰，如三个花瓣拥成一朵莲花。明代宣德年间，张谷英来这里定居，五百年来这里发展成六百多户三千多人的赫赫大族，全村八百多间房子互相贯通，男女老幼尊卑有序，过着安宁祥和的生活。

依山的另一种形式是"屋包山"，即成片的房屋覆盖着山坡，从山脚一直到山腰。长江中上游沿岸的码头小镇都是这样，背枕山坡，拾级而上，气宇轩昂。有近百年历史的武汉大学建在青翠的珞珈山麓，设计师充分考虑到特定的风水环境，依山建房，学生宿舍贴着山坡，像环曲的城墙，有个城门形的出入口。山顶平台上以中孔城门洞为轴线，图书馆居中，教学楼分别立于两侧，主从有序，严谨对称。学校得天然之势，有城堡之壮，显示了高等学府的弘大气派。

六朝古都南京滨临长江，四周是山，有虎踞龙盘之势。其四边有秦淮河入江，沿江多山矶，从西南往东北有石头山、马鞍山、幕府山，东有钟山，西有富贵山，南有白鹭洲和长命洲形成夹江之势。

↑山体是大地的骨架，水域是万物生机之源泉，没有水，人就不能生存。

↑建筑依山的形式有两类，一类是"土包屋"，另一类是"屋包山"。

④ 观形察势原则

清代的《阳宅十书》指出："人之居处宜以大地山河为主，其来脉气势最大，关系人祸福最为切要。"风水学重视山形地势，主张把小环境放入大环境中考察。

从中国的地理形势看，纬度每隔8度左右就有一条大的纬向构造，如天山－阴山纬向构造，昆仑山－秦岭纬向构造，南岭纬向构造。《考工记》云："天下之势，两山之间必有川矣。大川之上必有途矣。"风水学把绵延的山脉称为龙脉。龙脉源于西北的昆仑山，向东南延伸出三条支脉，北龙从阴山、贺兰山入山西，起太原，渡海而止；中龙由岷山入关中，至秦山入海；南龙由云贵、湖南至福建、浙江入海。每条大龙脉都有干龙、支龙、真龙、假龙、飞龙、潜龙、闪龙。勘测风水首先要搞清楚来龙去脉，顺应龙脉的走向。

龙脉的形与势有别，千尺为势，百尺为形，势是远景，形是近观。势是形之崇，形是势之积。有势然后有形，有形然后知势，势住于外，形住于内。势如城郭墙垣，形似楼台门第。势是起伏的群峰，形是单座的山头。认势惟难，观形则易。势为来龙，若马之驰，若水之波，欲其大而强，异而专，行而顺；形要厚实、积聚、藏气。

在龙脉集结处有朝案之山为佳。朝山、案山是好似于朝拱伏案之形的山，就像臣僚簇拥着君主。朝案之山可以挡风，并且很有曲趣之情。如《朱子语类》论北京的大环境云："冀都山脉从云中发来，前则黄河环绕，泰山耸左为龙，华山耸右为虎，嵩山为前案，淮南诸山为第二案，江南五岭诸山为第三案，故古今建都之地莫过于冀，所谓无风以散之，有水以界之。"这是以北京城为中心，以全国山脉为朝案，来说明北京地理环境之优越。

从大环境观察小环境，便可知道小环境受到的外界制约和影响，诸如水源、气候、物产、地质等方面。任何一块宅地表现出来的吉凶，都是由大环境决定的，犹如中医切脉，从脉象之洪细、弦虚、紧滑、浮沉、迟速就可知身体的一般状况，从大环境的吉凶可看出宅地的吉凶。只有形势完美，宅地才完美。每建一座城市，每盖一栋楼房，每修一个工厂，都应当先考察山川大环境，从大处着眼、小处着手，必无后顾之忧，而后福乃大。

↓任何一块宅地表现出来的吉凶，都是由大环境决定的。

⑤ 地质检验原则

风水学对地质很讲究，甚至可以说是挑剔，它认为地质决定人的体质，现代科学也证明这是正确的。地质对人的影响至少有以下四个方面：

第一，土壤中含有元素锌、钼、硒、氟等，在光合作用下放射到空气中，直接影响人的健康。明代王同轨在《耳谈》云："衡之常宁来阳立锡，其地人语予云：'凡锡产处不宜生殖。'故人必贫而迁徙。"比《耳谈》早一千多年的《山海经》也有不少有关地质与身体的内容，指出特定地质对人的体形、体质、生育都有影响。

第二，潮湿或臭烂的地质，会导致人患关节炎、风湿性心脏病、皮肤病等。潮湿腐败之地是细菌的天然培养基地，是产生各种疾病的根源，因此，此地不宜建宅。

第三，是地球磁场的影响。地球是一个被磁场包围的星球，人感觉不到磁场的存在，但它时刻对人发生着作用。强烈的磁场可以治病，也可以伤人，可能会引起头晕、嗜睡或神经衰弱。中国先民很早就认识了地磁，《管子·地数》云："上有磁石者，下有铜金。"战国时有了司南，宋代已普遍使用指南针，皆科学运用地磁之举。杨筠松在《十二丈法》指出："直冲中煞不堪扦，堂气归随在两（寸）边。依脉稍离二三尺，法中开杖最精元。"这就是说要稍稍避开来势很强的地磁，才能得到吉穴。风水师常说巨石和尖角对门窗不吉，实际是担心巨石放射出的强磁对门窗里住户形成干扰。

第四，是有害波的影响。如果在住宅地面3米以下有地下河流，或者有双层交叉的河流、坑洞等复杂的地质结构，都可能放射出长振波、污染辐射线或粒子流，导致人产生头痛、眩晕、内分泌失调等症状。

以上四种情况，旧时风水师知其然不知其所以然，不能用科学道理加以解释，在实践中自觉不自觉地采取回避措施或使之神秘化。有的风水师在相地时用嘴嚼尝泥土，甚至挖地察看深层的土质、水质，俯身贴耳聆听地下水的流向及声音，这些看似装模作样，其实不无道理。

↓风水学对地质很讲究，甚至可以说是挑剔，认为地质决定人的体质。

开运风水吉祥物

台式八卦镜

台式八卦镜的直径约32厘米，由纯桃木所制，是化解缺角房屋的吉祥物之一。八卦镜专为缺角房子设计，可解决房屋缺东北角、西北角及吉祥位缺角等系列风水问题。

宜 房屋缺角宜放置台式镜

房屋若遇主人到"缺角"而呈现出凹入的形状，主人运势则越差。安放台式镜可解决房屋缺东北角、西北角及吉祥位置缺角等风水问题。另外台式镜还可以化解房屋外部环境的各种风水煞。

忌 台式镜摆放忌过高

台式镜摆放的禁忌主要是在摆放高度上不可超过主人身高，太高则起不到预期的作用。另外，镜子也不可悬空，下面必须有承托物作支撑，将其放置于桌面或阳台均可。

❻ 水质分析原则 ✿

怎样辨别水质呢？《管子·地贞》认为：土质决定水质，从水的颜色可判断水的质量，水白而甘，水黄而糗，水黑而苦。风水经典《博山篇》主张："寻龙认气，认气尝水。其色碧，其味甘，其气香，主上贵。其色白，其味清，其气温，主中贵，不足论。"《堪舆漫兴》论水之善恶云："清涟甘美味非常，此谓嘉泉龙脉长。春不盈兮秋不涸，于此最好觅佳藏。""浆之气味惟怕腥，有如热汤又沸腾，混浊赤红皆不吉。"

不同地域的水中含有不同的微量元素及化学物质，有些可以致病，有些可以治病。浙江省泰顺承天象鼻山下有一眼山泉，泉水终年不断，热气腾腾，当地人生了病就到泉水中浸泡，比吃药还管用，后检验发现泉水中含有大量的放射性元素氡。《山海经·西山经》记载，石脆山旁有灌水，"其中有流赭，以涂牛马无病"。

云南省腾冲县有一个"扯雀泉"，泉水清澈见底，但无生物，鸭子和飞禽一到泉边就会死掉。经科学家调查发现，泉水中含有大量的氰化酸、氯化氢，这是杀害生物的巨毒物质。《三国演义》中描写蜀国士兵深入荒蛮之地，误饮毒泉，伤亡惨重，可能与上面提到的物质有关。在这样的水源附近是不宜修建村庄的。

中国的绝大多数泉水具有开发价值，例如山东济南被称为泉水城；福建省发现矿泉水点1590处，为全国各省之最，其中可供医疗、饮用的有865处；广西凤凰山有眼乳泉，泉水乳白，用之泡茶，茶水一星期不变味；江西永丰县富溪日乡九峰岭脚下有眼一平方米的五味泉，泉水有鲜啤那种酸苦清甘的味道。由于泉水是通过地下矿石过滤的，往往含有钠、钙、镁、硫等矿物质，以之口服、冲洗、沐浴，无疑有益于身体健康。

风水学理论主张考察水的来龙去脉，辨析水质，掌握水的流量，优化水环境，这条原则值得深入研究和推广。

↓风水学理论主张考察水的来龙去脉，辨析水质。

❼ 坐北朝南原则 ✿

中国位于地球北半球、欧亚大陆东部，大部分陆地位于北回归线（北纬23°26′）以北，一年四季的阳光都由南方射入，朝南的房屋便于纳入阳光。阳光对人的好处很多：一是可以取暖，冬季时朝南的房屋比朝北的房屋温度高1～2℃；二是阳光可参与人体维生素D合成，小儿常晒太阳可预防佝偻病；三是阳光中的紫外线具有杀菌作用；四是晒太阳可以增强人体免疫功能。

建筑坐北朝南，不仅是为了采光，还是为了避北风。中国的地势决定了其气候为季风型，冬天有来自西伯利亚的寒流，夏天有来自太平洋的凉风，一年四季风向变换不定。甲骨卜辞有测风的记载。《史记·律书》云："不周风

↓建筑坐北朝南，不仅是为了采光，还是为了避北风。

居西北，十月也。广莫风居北方，十一月也。条风居东北，正月也。明庶风居东方，二月也。"

风有阴风与阳风之别，清末何光廷在《地学指正》云："平阳原不畏风，然有阴阳之别，向东向南所受者温风、暖风，谓之阳风，则无妨。向西向北所受者凉风、寒风，谓之阴风，宜有近案遮拦，否则风吹骨寒，主家道败衰丁稀。"这就是说建筑要避免被西北风直吹。

风水学表示方位的方法有：其一，以五行的木为东，火为南，金为西，水为北，土为中；其二，以八卦的离为南，坎为北，震为东，兑为西；其三，以干支的甲乙为东，丙丁为南，庚辛为西，壬癸为北；其四，以东方为苍龙，西方为白虎，南方为朱雀，北方为玄武，称为："左青龙，右白虎，前朱雀，后玄武。"概言之，坐北朝南原则是对自然现象的认识，顺应天道，得山川之灵气，受日月之光华，可颐养身体，陶冶情操，地灵方出人杰。

⑧ 适中居中原则

适中，就是恰到好处，不偏不倚，不大不小，不高不低，尽可能优化，接近至善至美。《管氏地理指蒙》论穴云："欲其高而不危，欲其低而不没，欲其显而不彰扬暴露，欲其静而不幽囚哑噎，欲其奇而不怪，欲其巧而不劣。"

适中的风水原则早在先秦时就产生了。《论语》提倡的"中庸"，就是

↓适中，就是恰到好处，不偏不倚，不大不小，不高不低。

无过不及，处事选择最佳方式以便合乎正道。《吕氏春秋·重已》指出："室大则多阴，台高则多阳，多阴则蹶，多阳则接，此阴阳不适之患也。"阴阳平衡就是适中。

风水理论主张山脉、水流、朝向都要与穴地协调。房屋的大与小也要协调，房大人少不吉，房小人多不吉，房小门大不吉，房大门小不吉。清人吴才鼎在《阳宅撮要》指出："凡阳宅须地基方正，间架整齐，若东盈西缩，定损丁财。"

适中的原则还要求突出中心，布局整齐，附加设施紧紧围绕轴心。在典型的风水景观中，都有一条中轴线，中轴线与地球的经线平行，向南北延伸。中轴线的北端最好是横行的山脉，形成"丁"字形组合，南端最好有宽敞的明堂（平原），中轴线的东西两边最好有建筑物簇拥，还有弯曲的河流。明清时期的帝陵、清代的园林就是按照这个原则修建的。

⑨ 顺乘生气原则

风水学理论认为，气是万物的本源，太极即气，一气积而生两仪，一生三而五行具，土得之于气，水得之于气，人得之于气，气感而应，万物莫不得于气。

随着季节变化、太阳出没的变化和风向的变化，生气方位也在发生变化。不同的月份，生气和死气的方向就不同。生气为吉，死气为凶。人应取其旺相，消纳控制。《管子·枢言》云："有气则生，无气则死，生则以其气。"《黄帝宅经》认为，正月的生气在子癸方，二月在丑艮方，三月在寅甲方，四月在卯乙方，五月在辰巽方，六月在乙丙方，七月在午丁方，八月在未坤方，九月在申庚方，十月在酉辛方，十一月在戌乾方，十二月在亥壬方。风水罗盘就体现了生气方位观念，风水理气派很讲究这一套。

怎样辨别生气呢？明代蒋平阶在《水龙经》中指出，识别生气的关键是望水："气者，水之母，水者，气之止。气行则水随，而水止则气止，子母同情，水气相逐也。行溢于地外而有迹者为水，行于地中而无表者为气。表里同用，此造化之妙用。故察地中之气趋东趋西，即其水或去或来而知之矣。行龙必水辅，气止必有水界。"这就讲清了水和气的关系。

明代的另一位风水大师廖希雍在《葬经》中指出，应当通过山川草木辨别生气："凡山紫气如盖，苍烟若浮，云蒸蔼蔼，石润而明，如是者，气方钟而来休。云气不腾，色泽暗淡，崩摧破裂，石枯土燥，草木凋零，水泉干涸，如是者，非山冈之断绝于掘凿，则生气之行乎他方。"可见，生气就是万物的勃勃生机，就是生态表现出来的最佳状态。

风水学理论提倡在有生气的地方修建房屋，这叫做顺乘生气。只有得到滚滚的生气，植物才会欣欣向荣，人类才会健康长寿。宋代黄妙应在《博山篇》云："气不和，山不植，不可扦；气未上，山走趋，不可扦；气不爽，脉断续，不可扦；气不行，山垒石，不可扦。""扦"就是点穴，确定地点。

风水学理论认为，房屋的大门为气口，如果有路、有水环曲而至，即为得气，这样便于交流，可以得到信息，又可以反馈信息；如果把大门设在闭塞的一方，谓之不得气。得气有利于空气流通，对人的身体有好处。宅内光明透亮为吉，阴暗灰秃为凶。房屋只有顺乘生气，才能称得上贵格。

↓风水学理论认为，万物莫不得于气。

⑩ 改造风水原则

　　人们认识世界的目的在于改造世界为自己服务，《周易》曰："已日乃孚，革而信之。文明以说，大亨以正，革而当，其悔乃亡。天地革而四时成，汤武革命，顺乎天面应乎人。革之时义大矣。""革"就是改造，人们只有改造环境，才能创造优化的生存条件。

　　改造风水的实例很多，四川都江堰就是改造风水的成功范例。战国时期岷江泛滥，淹没良田和民宅，李冰父子用修筑江堰的方法驯服了岷江，使岷江从此造福于人类。

　　北京城中处处是改造风水的名胜。故宫的护城河是人工挖成的，河土堆砌成景山，威镇玄武。北海在金代时蓄水成湖，积土为岛，以白塔为中心，寺庙以山势排列。圆明园堆山导水，修建一百多处景点，堪称"万园之园"。

　　中国的乡村建设也很注重改造风水。如果我们花气力翻捡一遍历史上留下的地方志书和村谱、族谱，会发现每部书的首卷都叙述了地理风水，细加归纳，一定会看到许多改造风水的记载。就目前来讲，如深圳、珠海、广州、汕头、上海、北京等开放城市，都进行了许多移山填海、建桥铺路、拆旧建新的风水改造工作，而且取得了很好的效果。

　　风水学者的任务就是给有关人士提供一些有益的建议，使城市和乡村的风水格局更合理，更有益于人民的健康长寿和经济的发展。

↓人们只有改造环境，才能创造优化的生存条件。

开运风水吉祥物

铜制狮子牌

　　狮子牌同狮子摆饰物一样，具有化煞挡灾、镇宅、纳吉、抵御攻击的功效，当因某种原因无法摆放狮子时，可以用狮子牌来代替。与虎不同，狮子不会给他人带来坏的影响，可以轻松地在家里和办公场所使用。在室内之刑害、绝命位置，可放置此铜狮子牌以减轻煞气的破坏力。如宅内有属水之人，放此铜狮牌则更佳，因金生水，可旺财。

宜 **墙角或屋角化煞宜用狮子牌**

　　墙角和屋角之处无法摆放狮子，如果此处有煞气，可挂狮子牌来化解。另外，狮子牌对化解电梯的不吉利气场很有效，只需将狮子牌悬挂在电梯门口就可化解。

忌 **狮子牌忌挂在卧室**

　　狮子牌最好不要挂在卧室，挂于卧室，尤其是正对床头会带来很不好的影响，容易使屋主身体虚弱、精神不集中，严重的还会引发血光之灾。

第二节
别墅与山势

❶ 吉祥的后山

　　后山也就是玄武，俗称靠山或主山。传统风水提到后山，必定会搬出"疑龙七星"的理论，将不同的山峦形状用北斗七星的七颗星命名。以"疑龙七星"论主山，贪狼属木，巨门属土，禄存属小土，文曲属水，廉贞属火，武曲属金，破军也属木。每种山的高矮形状皆不同，吉凶影响也相异。

（1）贪狼

　　贪狼的山形有一种像古代大臣上奏皇帝手里拿的拜笏，一种则像把玉尺，还有一种是像笋尖的。总之，形状又尖又高的大山就属贪狼。贪狼多是位于河川发源地的高山，也就是在太祖山之上，亦即山脉最高之处。属贪狼的高山一定要带水，水就是河流。因为贪狼属木，不带水的贪狼就会出孤寡。像新疆天山就是不带水的贪狼，所以人烟稀少。为何人家说"桂林山水甲天下，阳朔山水甲桂林"？这是因为桂林阳朔的山也都是贪狼，山傍着水，而且群山列阵而行，山峰由高而低，一座接一座，看起来错落有致。贪狼最忌讳缺水、倒塌、坡度太陡峭。贪狼虽要高耸，但山势也应平稳圆滑，才会是好山，好山会孕育出艺术家或文官。山形若不正，则会出些会读书但一生不发达的穷酸儒生。贪狼若没水，就适合僧道修行，比如说在此盖庙、建道观，也适合去那边当个穷苦的艺术家。

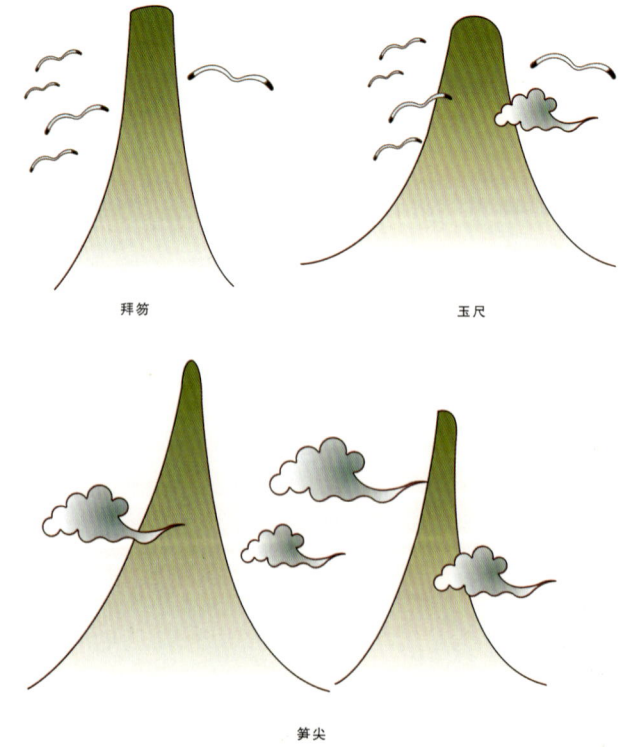

拜笏　　　　　玉尺

笋尖

（2）巨门

巨门位于次高山，也就是位于主峰下来的第二高峰。巨门是又高又平的山，大致可分成三种形状：

①四角帐

就像一个平顶帐篷。以四角帐作为靠山的地理会出大将军。

②虎背

山形就像老虎行走时背后略有凹凸的样子。以虎背作为靠山的地理会出大商人。

③象背

整个山形就像只大象。以象背作为靠山的地理主出大商人。

四角帐会出大将军，虎背与象背会出大商人，而且是霸气十足的商人。不过，巨门一旦山形倾斜，就会形成不好的风水，不对称的巨门会导致家破人亡。

四角帐　　　　　　　　虎背　　　　　　　　象背

（3）禄存

贪狼与巨门都是位于河川源头的高山，禄存则坐落于山脉的中段。在所有山形之中，禄存拥有最好的结穴之地。禄存通常位于丘陵，也就是从高山转入平地较平坦的地带。最好的禄存被称为"眠牛吉地"，顾名思义，这种山远远望过去就像一只牛躺卧在那里。

卧牛山、眠牛山都是属于"眠牛吉地"的山。这种山因为形状也像老虎趴下来的样子，也就是龙盘虎踞的"虎踞"，所以也有人称之为睡虎山、卧虎山。其他还有枕头山、马鞍山与骆驼山，这些皆为"眠牛吉地"的地形，都是禄存，五行属土。

找到禄存，几乎就可以说是找到了最好的地理，无论作阴宅还是阳宅，都是最好的风水。为何如此说呢？因为高山到了这里即将入平原，山势变得较安定、土质坚实，不会有滑坡的可能。再加上这里是山的龙头，所以氧气也最多。

卧虎　　　　　　　　眠牛　　　　　　　　马鞍山

（4）文曲

文曲属水，是水形山。水形山的山形如眉毛，略有起伏。也有另一种形容，说这种山的形状像太阴，也就是月亮的下弦。还有人认为，文曲像浮出水面的鱼背或龟背。通常水形山多为水湄之巅，譬如台湾的日月潭湖畔的秀丽群山就多是文曲。两个文曲山峰并列，就称为玉女峰。

以文曲为主山的地理格局，会出文人、秀才、文官、美女或封诰夫人。这种地方较易孕育出较有成就的女性。

眉丘

玉女峰

（5）武曲

武曲属金，且是方方正正的"正金"。这是因为武曲的山形非常对称，对称就是"正"；再加上武曲形状如钟，钟属金，所以合称为"正金"。武曲的形状可分成三种：

①钟山（如钟状）

南京古名叫做"金陵"，这是因为它有座紫金山，又名钟山，也称为金陵。陵就是山丘的意思，南京的附近就有很多状如金钟的小山。

②釜山（如锅盖）

釜山状如煮饭的锅釜，或像一顶锅盖罩下来。最有名的例子就是韩国南部的第一大港——釜山。为何它会被称为釜山？就是因为它依着看起来像一个煮饭的锅釜的山。

③笠山（如斗笠）

笠山的山顶尖，两边山坡对称。最有名的笠山就是日本的富士山，整座山状如圆锥体，四面八方都对称，是非常标准的笠山。笠山这种山形非常棒，富有王者之气，如能住到这里就会文武大盛、富贵双全。

武曲在七星里被认为是最好的山，次佳的是禄存。禄存是一般人能够住的山，若要大富大贵的话，就要找正金的武曲。

钟山

釜山

笠山

❷ 不吉的后山 ❀

（1）廉贞

廉贞形状如剑，五行属火。廉贞多为太祖山、少祖山，跟贪狼一样是高山。

廉贞的山形若左右对称，状如剑锋，代表会出武将等个性强悍的人士。如果廉贞的形状不正，就会出残障人士或个性偏执的人，甚至出盗贼。可见山跟人一样，长相要对称；如果不对称，不仅难看，也代表本质不好。

廉贞

（2）破军

破军是最不好的山，只能当做房屋两边的龙砂或虎砂，既不能拿来当穴位，也不能作案山。

破军大都位于河流两岸，也就是说破军是被河流切割过的山，山形陡峭，形状不对称又尖锐，不是缺一角就是被剖成两半，可谓"犬牙交错"。再加上这种地方的水也湍急，因而不适合建宅。这种地方会出个性偏激的恶人或盗贼，一般人住这种地方也会破财。

破军

❸ 吉祥的龙虎砂

何谓龙砂、虎砂？"砂"指的就是山脉，龙、虎则代表手足、兄弟。龙虎交抱，才可藏风聚气。

（1）以左边盘出的龙砂当案山

龙虎交抱的第一型，叫做"青龙作案，福寿绵长"。这样的风水以主山为靠山，从主山左右两边各拓出两支山脉作为龙虎砂，而且左边的龙砂在前面盘回来当案山。这里无论是做阴宅或阳宅，都会让人身体健康、发大财，家庭气氛也很和谐，长幼有序、兄弟和睦。

青龙作案

（2）龙虎砂交抱，穴在龙砂末端

这种格局也有龙虎交抱，龙砂也是盘到主山面前，不过穴位却安在下砂，也就是支脉的末端，穴位仿佛是回过头来看着自己的祖宗山（主山），即"回龙顾祖"。"回龙顾祖"跟"青龙作案"的差别在于："回龙顾祖"的穴位是在龙砂末端，"青龙作案"的穴位则在祖山。"回龙顾祖"的风水格局只能出臣子，而不会出君王，不过若能做到一人之下、万人之上，其实也很不错了。若到外地求发展，也能衣锦还乡。

回龙顾祖

（3）龙砂末端再冒出个浑圆小山

"青龙吐珠"（也叫"苍龙吐珠"）就是龙砂在下砂处再冒出一个独立的浑圆小山，状如龙珠。这种格局会出很特殊的人才，物产也很丰富。

青龙吐珠

（4）龙虎砂环抱，前有平顶案山

"将军捧印"也称为"将军盖印""玉殿天官""登殿步阶"，全都是很吉祥的意思。在这种格局里，左右龙虎砂几乎等长并形成环抱，前面还有个平顶的案山。"将军捧印"的"印"，指的就是这个平顶案山。这种格局会出非常强的人物。

将军捧印

（5）龙虎砂交抱，前有马鞍山

　　左右龙虎砂交抱，前面有座马鞍山当案山，称为"将军骑马"。这种风水也会出大将军，能享有封地。

将军骑马

（6）龙虎砂交抱，以剑山为案

　　龙虎砂交抱，而且前面有个形状尖尖的案山，像一把剑矗立在明堂，所以称为"将军带剑"。这种地理会出享有富贵功名的武将。

将军带剑

（7）龙虎砂有交抱，龙长虎短

　　龙虎相亲，其利断金，龙虎砂交抱且龙长虎短，兄弟会相亲相爱。俗话说"家和万事兴"，兄弟感情一好，家庭气氛就会好，于是能"其利断金"，无所不成。

龙虎相亲

（8）左边的龙砂抱住右边的虎砂

　　左边的龙砂抱住右边的虎砂，子孙会一房一房地发，而且会发得很久，全家富贵连年。

龙砂抱虎

开运风水吉祥物

大吉大利翡翠

　　翡翠以其细腻无比的玉质为世人所赞誉，更因其产量稀少、佳品难得而身价倍增。大吉大利翡翠最大直径约为5厘米，是天然缅甸翡翠，经开光道教文化特殊处理。它是老人专用饰品，一般随身佩戴，可保佑儿孙吉祥、喜庆、大吉大利，自己也会健康长寿。

宜　求健康、吉利宜佩戴翡翠

　　现代科学证明，翡翠中含有特定的微量元素，经常佩戴有益于人体健康。翡翠亦是吉利的饰物，特别是老年人求身体健康、求儿孙吉祥都宜佩戴翡翠。

忌　翡翠忌近污秽场所

　　经过开光的翡翠是吉祥之物，在平时存放的时候宜远离污秽场所。不要在平时不戴的时候将其挂在卫生间里，应将其存放在木制盒内，妥善收藏为好。

❹ 不吉祥的龙虎砂

（1）虎砂太长并横过前面明堂

　　龙砂与虎砂这两条支脉，虎砂不可长过或高过龙砂。最忌讳的就是虎砂太长，并长列横过前面的明堂，这就叫做"白虎穿堂"。

白虎穿堂

（2）虎砂过高，逼迫主山穴场

　　"白虎街尸"指的就是虎砂太高又太长，威逼到主山的穴场。这种格局会造成家破人亡、骨肉离散，所以又称为"逼虎伤人"。

白虎街尸

（3）虎砂比龙砂长并抱住龙砂

　　"虎砂抱龙"就是虎砂不但比龙砂长，还弯过来抱住龙砂，整个格局倒向虎砂这一边。这种格局下女儿与家族二、三房较强，尤其二房会更好，而长房与男丁则会不好。

虎砂抱龙

（4）左右两山脉分别向外延伸

　　"龙虎不亲"就是说龙砂、虎砂分别向外延伸，没有交抱。这种风水非常不好，代表骨肉无情。而且住宅因为缺少龙虎砂的屏障，风直接灌向祖宗山，这种格局没办法聚气，因此，祖先也就没有能力庇佑后世子孙。

龙虎不亲

⑤ 吉祥的案山朱雀 ✤

若要论山势，前面的朱雀就要看案山，也就是所谓的"前案相对"。以下有两段歌诀可以作为判察案山的依据。

歌诀一：明堂有案值千金，远喜齐眉近应心，案若不来为广荡，中房破败祸相侵。

歌诀二：案山最喜是三台，玉几横琴亦状哉，弦弓笔架并席帽，凤凰池上锦衣回。

（1）三台案

三座山峰相连，叫做"三台"。案山呈现这样的形状，就是"三台案"，也称为"三仙台"。可分为以下几种：

金钟山：三座金钟状的山相连，会出将相。

火形山：三座火形山相连，且高度差不多，这种格局会出大将军、威镇天下的人物。

平顶丘：像三个平台摆在一起，这是最标准的三台案。有个地方出了很多名人或名僧，这就是大家熟知的五台山。五台山的"五台"，就是五个齐高的平台山连在一起。其实一般只要有三台就很不得了啦。

金钟山

火形山　　　　　　　　　　平顶丘

（2）卷帘案

有好几座大山，这几座大山又有好几支山脉往外延伸，而这些山脉也像琴案般往山下延伸并列，就像窗帘打的布褶子一样，很规律地平行起伏，这就是"卷帘案"。这种格局"贵压千官，出将入相"，是非常好的风水。

卷帘案

（3）将军笔

将军笔的案山，就像伸出三只手指头的样子，这种格局会出武将。

将军笔

（4）龟背

龟背又称为太阴丘，这种格局会出中级公务员，也就是官吏。超级富豪邵逸夫的别墅就建在龟背旁，他的富贵和长寿多多少少也受了住宅旁龟山风水的熏染。

龟背

（5）棋盘山

这种格局包含了一些被命名为棋盘山、玉几山、符印山等等的小山。这些山的共通特征就是：山顶平坦如桌面。以这样的山作为案山，多半会出秀才、文人或富商。

棋盘山

（6）旗山

旗山，顾名思义，就是山形如一面三角旗的山脉。旗山是卧虎藏龙的风水宝地，在古代常常会孕育出保家卫国的武将，在现代则会出现军官。

旗山

（7）鼓山

以鼓山作为案山，会让人富甲一方。在历史上，在旗、鼓山下孕育了历史三大谋臣之一明朝开国元勋刘基和一代名将陈诚。奇绝的风水宝地，多半能让在附近居住的人们顺风顺水，因此，选择别墅地址时，不妨看看周围的山山水水吧。

鼓山

（8）纱帽山

以纱帽山作为案山，也是会出大官的风水。纱帽山的形状有两种。

明朝文官官帽：特征是一大一小的两个泽园山头。

宋朝文官官帽：中间的山顶是个平台，两边山坡则低而对称。

明朝文官官帽

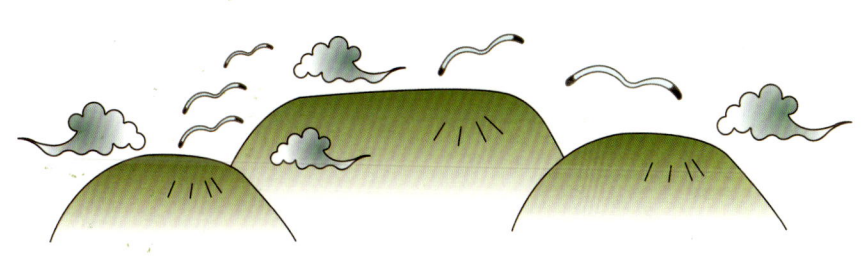

宋朝文官官帽

开运风水吉祥物

白玉佛

白玉佛最大直径约为4厘米，由白脂玉制成，经开光道教文化特殊处理。佛也就是弥勒佛，即未来之佛，能带给人们福气、祥和之气，用以祈盼美好的明天。白玉佛还能够祛病消灾，保平安吉祥，使好运常伴。

宜 **女性宜佩戴白玉佛**

男戴观音女戴佛，是取其阴阳调和、两性平衡之意。女性随身佩戴白玉佛，可获护佑。小孩也可佩戴，可令其健康成长。

忌 **白玉佛忌置污秽之地**

佛为清洁之物，不可常放于厕所等污秽之地。也不可以戴着它洗澡或沐浴，以免亵渎神物，影响其吉祥功效。

第三节
别墅与水势

明朝的开国国师刘基在他的《堪舆漫兴》里高度评价了水在风水中的作用和地位："堪舆山水要兼赅，山旺人丁水旺财；只见山峰不见水，号为孤寡不成胎。"《葬经》里也写道："风水之法，得水为上，藏风次之。"也就是说，山形不很好或平原地带没有山脉，这些都没关系，只要有水就行了。

传统的风水学中有"气界水则止"的说法，意思是天地的生气可以用水把它留住。因此，在住宅前有环抱形的水就可以使气凝聚在住宅前，这是理想的聚气模式，在生活中是可遇而不可求的事情。但是，不管怎么说，水的吉凶应验相当神速，大凡风水名家都特别注重用水。要想拥有一座理想的别墅，水是必须重视的一个风水因素。

❶ 吉祥的水势 ✿

下面列举的江、河、湖泊是吉祥的，它们能带动住房附近的气场。在这样的水源附近建造别墅，可带来好运。

（1）高山湖泊（天池）

高山湖泊，传统称为"天池"。天池是龙脉的精华，不能随便破坏。像长白山上有天池，天山上也有天池，华山也是如此。天池是高山动植物休养生息之处，因而被视为养育生气之地。所以，国家应该将天池列为保护区，好好加以维护，天池的水源也不可被污染。

如果住宅前有湖泊或潭水，只要这个水有活水源头，就是很好的风水。有活水源头指的是湖水由天然的溪流或地下涌泉汇聚而成。住在这样的地方，家中会出圣贤的人物。

天池

（2）九曲河流（九曲回转水）

"九曲朝堂，出将入相。"一条河流要有弯曲才会有生气；河川若完全是直流，就会没生气。

九曲回转水

（3）河流、湖泊交汇处或出海口（荡胸水）

在大湖泊、河流交汇处或河海交汇之地会形成很宽广的水域，在这样的水域附近建房，水面直映眼帘，能让人心胸宽广，这样的水域附近也容易出高官。

荡胸水

（4）静水流深（聚面水）

小河流交汇之处也会形成潭、池等较宽广的水面，在这种静水流深的地理附近建房，会大富大贵。

聚面水

开运风水吉祥物

白玉观音

玉文化中的观音是经过几千年来劳动人民的提炼，将佛教中的观音大士与道教中的王母娘娘形象相融合，形成现在我们所见到的女身形态。白玉观音最大直径约为4厘米，由白玉雕琢而成，经开光道教文化特殊处理。男子随身佩戴，可随身护佑，令其健康成长。白玉观音还能除病消灾，保平安吉祥，使好运常伴。

宜 男性宜佩戴白玉观音

古时候经商、赶考的都是男子，常年出门在外，最要紧的就是平安。观音可保平安，同时人们也希望在其保护之下生活顺利、事业顺心、身体健康、万事如意。

忌 女性忌佩戴白玉观音

男戴观音女戴佛，是取其阴阳调和、两性平衡之意。如果使用不当，观音不但发挥不了效果，而且还会导致阴阳不调，给身体带来不利影响。

（5）两河汇流呈"Y"字形（襟带水）

两条河汇流处呈现"Y"字形，就像是一个人打领带的样子。无论是两山夹一水还是两水夹一山，都会出俊秀的文人与有能力的武官，是个文武皆富贵的地理。

襟带水

（6）牛挑湾

"牛挑湾"就是指溪流弯弯曲曲，像古时候耕牛所佩戴的牛轭，所以这种地形也被叫做"牛担水"。这种地理也会出官，但不若九曲河流的地理出的官那么富贵。

牛挑湾

（7）天然涌泉或人工喷水池

天然涌泉或人工喷水池的风水能让你比较容易赚钱。不过这种风水的前提是水必须是活水，活水千万不能让它变成死水。所以，若是在庭院中央建了一座人工喷水池，一定要定期让水流进来又排出去，让这个池子维持活水的状态。

人工喷水池

❷ 不吉的水势

如果有以下的水，则要尽量避免在其周围建造别墅。

（1）水田或梯田（板仓水）

水田或梯田，只要一下雨就有水，天晴了就没水。这样的地理象征着：水来了就有钱，水去了钱也没了。这等于看天吃饭，春夏旺秋冬衰，做一季得吃三季。

板仓水

（2）瀑布（瀑面水）

瀑布周围不宜建房。因为屋前的水流很急，听起来像是有人每时每刻在你家门前哭泣，这会让住屋内的人存不住钱，贫病交加。倘若只在瀑布前面做生意还好，但千万别在这里住！一些集合式住宅造景时，宅主很喜欢在中庭做个瀑布，这样不好，因为会形成瀑面水。

瀑面水

（3）死水发臭的水塘（照盆水）

常常有些人花了大笔经费建新房，一开始喜欢做些造景，最常见的就是建个水池养锦鲤，可是后来因为疏懒或是其他原因，水池没人管理打扫了，就变成一潭死水。最后，水质慢慢优氧化，里面的鱼也死了，甚至连家中的猫狗或老鼠也掉到里面淹死。这种风水容易招来祸患。

照盆水

开运风水吉祥物

心中有福

"心中有福"的造型是两个蝙蝠中间有一个可以转的轮，代表双福临门。

宜 保平安宜戴"心中有福"

小孩子随身佩戴最灵，可避免病、灾、保平安。其他人佩戴也能保身体健康，平安多福。

忌 "心中有福"忌放污秽之地

"心中有福"为吉祥之物，不可常放于厕所等污秽之地。有些经过开光的还不可以戴着洗澡或沐浴，以免亵渎神物。

（4）屋后有淋水（淋背水）

无论屋后有瀑布还是有陡峭山壁，只要会有水泼到你家房子，就是不好的风水。都市里也容易形成这种风水，比如说你家屋后有栋大楼，那里有人家做了很高的阳台或遮雨棚伸到你家上方，雨水或浇花水会泼到你家屋顶，就形成了这种风水。住到这种地方，注定一生会狼狈、贫病交迫。

淋背水

（5）屋前有淋水（悲哭水）

水从房屋前面淋过也不好。这种风水会让人守不住钱财，夫妻也会分离或鳏寡，是很不好的风水。

悲哭水

（6）水流断断续续（鸣珂水）

涓涓细流，像珍珠断线似的，一下有水一下子没水。这种水多半是山里的溪涧，因而水流不稳定。住在这样的地方，会让人财散身弱。

鸣珂水

（7）急流浅滩（湍杀水）

水中有很多大石头，处处有急流浅滩的地方，会出阴险凶恶之人。为何这种地方会出恶人呢？这是因为水石犬牙交错是很不好的风水，在这里做事也会功败垂成、不能成功，所以怪石嶙峋之地、河流很湍急或多瀑布的地区，都不适合居住。

湍杀水

（8）河流急转弯（急流水）

河流急转弯且形成锐角也是不好的风水，因为在这种地方常会发生凶难事故，所以也不宜人居。

急流水

（9）烂泥巴或沼泽地（沮洳水）

凡是以前曾为水塘，但后来填平来盖房子的地方，湿气都比较重，甚至遇雨地面就会一片泥泞。这样的地理环境会导致人一生困顿，越来越难以生存。

沮洳水

（10）发臭的水沟（臭秽水）

屋旁有臭水沟的话，不但影响人的健康，也会影响人的运势。尤其沟里若是有动物尸体，那就更糟糕了！所以，水沟要经常清扫，若是让水流变黑，变成死水发臭时，就会形成这种坏风水。如果住在臭秽水旁，会罹患癌症之类的重大疾病。

臭秽水

（11）不见天日的井水、深渊（阴幽水）

不见天日的井水、深渊，就算外表看起来再干净，也不能直接喝，因为水中的细菌未经过杀菌处理，一定要煮沸之后才能饮用。住在有这种水的地方也很不好，人的个性会变得阴沉狡诈，一生行事不光明，到处惹人非议。

阴幽水

开运风水吉祥物

玉佩

玉为佩饰的一种，在我国古代佩饰主要是指悬挂在腰带上的饰品。玉佩既有一定的装饰效果，又有辟邪、保平安的作用。

宜 护身辟邪宜戴玉佩

佩戴一款与自己生肖吉祥物相匹配的玉佩，可起到护身、辟邪的作用。一般来说鼠牛相配，虎猪相配，兔狗相配，龙鸡相配，蛇猴相配，马羊相配。如果能结合自己的贵人生肖相配则最佳，出生年份不同，其贵人生肖也不相同。

忌 佩戴玉佩忌与自己属相相冲

在选择、佩戴玉佩饰物时要注意，不可以随意佩戴生肖。生肖要按照六合来分，根据上面所述进行相配，不可乱配。

第四节

别墅与路势

　　传统风水学认为，路的作用和水的作用是一样的。从风水的角度来看，每条路都像水，街道就是龙，所以，马路也是水龙的一种。大马路（干道）就好像大水（干水），小路或巷道则像是枝脚水、枝水。既然路就是水、水就是路，因此我们也可以把街道称为"水路"或"路水"。

　　环抱形的路就像一个人的双臂，而住宅的中心就成了生气凝结的穴，就像女人的子宫，那是生命诞生的神圣之地，是生机的源泉。因此，住宅前有环形的道路就好比是"玉带揽腰"，颇为吉利。

　　前面提到过，"气乘风则散，界水则止"。如果道路彼此有交叉，交叉处也就是"界水则止"，在这种地方就会结成一个聚气的风水。所以街道越多、排列越好，就越能聚气，也就越能形成一个热闹的集市。

　　凡事有利就有弊，水既然能够聚气，也能把气给隔开。所以有时你会看到马路这一边很繁荣，另一边却很冷清，就是这个道理。

　　我们该如何选择好风水的别墅呢？先去察看房子周遭的路准没错！

❶ 吉祥的路势

　　下面列举的各种水路是吉祥的，它们能带动住房附近的气场。在这样的水路附近建造别墅，可带来好运。

（1）弓带水、银带水、月眉水

　　我们最常看到的一种水路，称为"弓带水"，又称为"金带水"。为何叫做"弓带水"？因为道路在房子两边形成圆弧状包围，这种半圆形的水路就像一条弓带。弓带水之处建住宅可保财源不绝、富贵长久。从交通动线来看，车子开过此地，车头的方向绝不会朝着屋子，自然也就没机会撞过来，对住家来说较有安全保障。若以风水而论，这种水局能够聚气，气一聚，风水自然就好。

　　什么是"银带水"？银带水就是弯度略像梯形或牛轭形状的水路。"月眉水"则是像眉毛略略挑起一点小弧度的水路。

弓带水

如何判别月眉水、弓带水与银带水呢？很简单，只要从弧度大小与形状来看就可以了。如果马路略成弧形，就是月眉水；如果弯度很大，就称得上是弓带水；如果是略呈梯形的弯曲，状如牛轭者，就是银带水。

风水最优良的格局是弓带水（金带水），这也是弯得最大的圆形水路，弓带水不论腹地大小，弯的弧度越大、越漂亮，风水就越好。

银带水　　　　　　　　　　月眉水

（2）拱背水

如果房子后面的马路弯曲如弓带水，这就叫做"拱背水"。从风水来看，屋后若有水龙做龙虎砂，就像有人从后面把你捧供起来，也有一种说法是像坐在一把太师椅上头，不论怎么形容，这种风水都代表祖产丰厚。也就是说，住到这种地理旁的房子里，祖先会留下很多遗产给你或庇荫你。

拱背水

（3）双合水

所谓"双合水"，就是两条马路直角相交。这好比两条水龙交会，所以能够结成市场。例如，十字路口的交叉处就是双合水，房屋中介所称的"三角窗"也是双合水的房子。为何"三角窗"的房子房价会比较高呢?就是因为它能够收纳两边水龙的气，气都往这边聚集，所以在这里做生意会很好。

双合水格局附近也很适合建造住宅，因为三边采光，不但通风，光线也比一般房子来得好。双合水不论马路大小，就算位于巷道里，只要是直角相交的就是双合水。

在选择位于双合水旁的房子时，要尽量选"青龙盘朱雀"这一边，如

不得已，再选"白虎盘朱雀"。屋子面对马路十字路口的直角有三个面：左青龙，右白虎，前朱雀。房子左前与前方各有马路，就是"青龙盘朱雀"。这种风水最好，能靠脑力赚钱，财富来得较轻松，可以说是坐也赚、躺也赚。

"白虎盘朱雀"则是指屋子的右前与前方有马路。这种格局也会赚钱，只是赚得比较辛苦，要付出相当劳力才能挣得钱财。

"白虎盘朱雀"做餐厅、工厂、修车厂等较靠体力赚钱的生意比较好，但若要做文具店、书店、高级餐厅、服装店或一般的公司行号等生意，还是选"青龙盘朱雀"较适合。

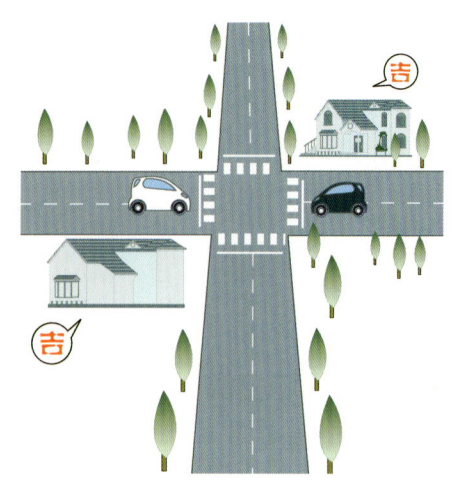

双合水

（4）九曲水

"九曲水"就是弯曲的水路，"九曲朝堂，封侯拜相"。所谓的"九曲朝堂"，就是指马路在目光所及之处有三道大转弯。

就九曲水的格局来说，就算位于反弓位置也很好，只是弓带水这边赚钱存得住，反弓水那边同样也能赚到钱，却存不住。

九曲水

（5）八卦回澜水

"八卦回澜水"就是圆环水路。这种格局风水非常好，代表财源滚滚。圆环中央若能有活水，那就更好了!

八卦回澜水

（6）缠头水

缠头，就是将头包起来的意思。倘若有一条道路呈"U"字形围住一栋房子，这就叫做缠头水。缠头水的马路弯曲的弧度必须要够大，这样才能财源广进且源源不断，聚财又不漏财。

缠头水

（7）卷帘水

"卷帘水"就是许多条小马路与一条大马路相交。卷帘水能涓滴聚财，适合做小生意。在这种地区，往往会有一些很有名的小吃店、服装饰品店与美容店，成为名店聚集的地段。在世界各大城市，如巴黎、罗马、慕尼黑或法兰克福等，有很多名牌的旗舰店或知名餐厅都位于类似卷帘水的区域里。外头是很大的街道，车水马龙，但一跨入此区，气氛则变得宁静优雅，恍若世外桃源，对顾客来说，这里也是休闲消费的好场所。

卷帘水

（8）布袋水

"布袋水"指的就是河流或马路到了屋前突然变宽，如同布袋的形状。住这种房子能存钱、买田地，储财又置产。同时因为屋前的马路变宽了，也等于你家的明堂变宽了，明堂宽，前途就宽，所以运势很好。

布袋水

开运风水吉祥物

水胆玛瑙

水胆玛瑙最大直径约5厘米，为天然水胆玛瑙，经开光道教文化特殊处理。水胆玛瑙是随身改运、助运的宝石。玛瑙内含有一定的水分，非常难得和珍贵，对于改善运程、调节运气、保平安、促进婚姻都有很好的作用，也是一款非常罕见和漂亮的随身饰品。

宜 改运宜用水胆玛瑙

水胆玛瑙对于改善运程、调节运气、保平安以及促进婚姻都有很好的作用。一般可随身携带或放置在公文包、手提包内，尤其是女士使用效果极佳。

忌 水胆玛瑙忌暴露于外

水胆玛瑙是非常难得的珍贵吉祥物，它喜阴不喜阳，尽量不要将其暴露在外面，应该放在包里、盒子里收藏起来。

❷ 不吉的路势

（1）反弓水

弓带水的对面是"反弓水"，若住宅建于此处，车子无论去或来，一不小心就会冲向这里。最糟糕的是夜间来往车辆开大灯，光线会直射房内，而光线会干扰我们的脑波，进而影响到脑神经，因此让住在里面的人睡不好，隔天醒来仍觉得全身紧张，思路涣散。

此外，反弓水的前面腹地变窄，也就是明堂跟着缩水，不但一出大门就容易被车子撞到，明堂小的阳宅也代表前途不远大。所以这种风水较为不吉利，弓带水那边因气聚而人气滚滚，反弓水这一侧则相反，商家总是门可罗雀。

（2）弓背水

屋后有条马路呈反弓形状的风水，就叫做"弓背水"。屋后有反弓水路的格局很糟糕，表示人丁与财产都会留不住，如家中可能会出败家子，散尽祖产然后流落外乡等。

如果反弓水路离房子远，影响就小；但屋后若直接就是一条反弓水路，那么情况就会很严重。如果屋后有条反弓水路，但是马路前面有树木、土丘、盖了围墙的大庭院或房子帮你挡起来，就不算是弓背水。种树也是破解弓背水的好方法，不过若是想这样做，要记得一点就是树林的面积要越广越好。

（3）天姚水

"天姚水"又称"淫逸水"或"桃花水"。这种水路看起来与九曲水很像，但两者还是有差别。天姚水在目光所及之处，有三个似弯非弯的蜿蜒。天姚水的马路不直，但因蜿蜒弧度不大或路面时宽时窄，开车经过时甚至连方向盘都不用转动，也不会撞到路肩。

天姚水会出一些较风骚、虚荣、不正经或男女关系较乱的人物。

反弓水

弓背水

天姚水

（4）火叉路

火叉路是两路结合或分叉之处。尤其是当两条大马路合而为一时，这种火叉路更为可怕，最容易发生大车祸！

火叉路的特点就是：三个方向的来车都以为自己开的是直路，因此全都没减速，却没想到旁边还有叉路来会合，于是等飙到三叉路口时，就很容易跟会合过来的车子撞在一块了。

破解火叉路的方法其实并不难，只要在路口装个反光标志，盖个种树的分隔岛，或是设个圆环、放个警示标志即可，这些设置的用意都是提醒驾驶人到了此地要减速慢行。

火叉路

（5）横朝水、背截水

"横朝水"是指门前有条直来直往的马路。这种格局在郊区的外环道路边很常见，外环道路刚开通时，往往只有一两户人家，这些人家的住宅前面全都是横朝水。横朝水因为马路直，往来车辆开得很快，车速快，就代表水流急；水流急，也就意味着财来得急、去得也快。住在这种地方，钱财来来去去，会终日为营生奔波。

"背截水"则是指直来直往的马路横过屋后。这种格局就像韩信背水一战："前有追兵，后无退路"，韩信当然可以背水一战，我们这些小老百姓没有那个能力，所以最好不要!屋后有这种水路，意寓家人会离散。

背截水若无其他直向的水路把它截断，或是无树木、竹林、房子等将它挡住，就很糟糕，代表住在这里的人不但会人丁离散，自己也会欠人家一屁股债或被别人倒债。

横朝水

背截水

开运风水吉祥物

天然白水晶球

水晶是一种有灵性的矿物，它能给人们带来好运，镇宅辟邪，提升灵性，去除疾病，也能帮助人们解除厄运。天然白水晶球的最大直径约9厘米，为天然白水晶制成，经开光道教文化特殊处理。天然白水晶球就产量来说，堪称"改运之晶""水晶之王"。天然的水晶能量稳定，可镇宅化煞，净化身体负能量，促进健康，是趋吉改运的最佳晶石，适合运气不佳、运程反复者使用。

宜 商业空间宜置白水晶球

商店收银台：可以摆放白水晶球，白水晶能使人头脑清醒，减少金额计算错误造成的损失。

商店柜台：可以摆放紫水晶球或粉水晶球，紫水晶球能让人广结善缘，而粉水晶球则能召集人气而带动商机。

商用电话：商用电话上可以贴上一颗白水晶坠子，会使人头脑清晰而增加电话谈判的能力，把握住商机。在电话上贴上粉水晶坠子，还可以增加爱情缘。

忌 白色水晶球忌置右边

白色水晶球在摆放时要放在吉祥的位置，也就是宜摆放在房屋的吉方位上，或者就放在左边，因左边为青龙方，主喜庆。不宜将其放置于右边白虎方，容易带来不好的熬气。

（8）牵鼻水、叉身水

"牵鼻水"就是有条弯路绕过房子门前，弯路中央又有条路朝外直直延伸，看起来就像牛穿上了鼻环，又套上一条牛绳的样子。而朝外延伸的这条马路，不管有没有穿过环绕门前的弯路而抵达家门口，都属于牵鼻水。

牵鼻水的风水会出浮浪子弟，如家中子女可能涉及不良嗜好，结交坏朋友，吃喝嫖赌样样来，最后败尽家产；要不然就是脑筋不够清楚，常被人怂恿去胡乱投资，把积蓄花光光。

"叉身水"则是在屋后有条拱背的马路，可是在拱背之后又有一条直路叉过来，像是一把叉子从后面捅进房子。这种风水表示子孙会逃散，散尽家产，一生受制于人。住在叉身水的房子也会一生不自由，被人家牵制，比如一辈子欠人家钱，或是欠人家人情，甚至怕老婆。总之，一辈子都有个东西牵制着你，让你不得自由。

牵鼻水

叉身水

（9）白虎煞、投环吊颈水

如果缠头水的"U"字弯得不很平顺，而形成了锐角或尖角，就会变成"白虎煞"。以道路来说，这会形成死亡道路，很多大车祸都发生在这种路段。这是因为到了此地突然要来个急转弯，方向盘一下子转不过来，车子就会冲到路旁。白虎煞在山路最多，如果平地的道路也设计成有锐角的角度，同样也会让开车的人转弯不顺，这样的格局风水很不理想。

"投环吊颈水"与"白虎煞"很像。投环吊颈水，指的就是道路彷佛被打了个死结，也像人被勒死的样子。住在这种地方容易上吊自杀。

白虎煞

投环吊颈水

（10）缠丝水、死巷

"缠丝水"就是指巷子里的巷弄，路面虽不宽但分布密如网。住在小巷里的人通常一生较贫困。你若仔细观察也可以发现，住在巷里的人财运较弱，个性较卑微保守；住大马路旁的人气魄就较大，因为他每天看着人来人往，见识较多，眼界自然宽。

车子开进去没法从另外一边开出来的巷子，就是"死巷"。如果巷道虽窄，车子无法通过但人还走得过去，则不能称为死巷。位于死巷的房子风水很不好，因为气不通。死巷外边的房子还好，越往尽头越糟糕，最不能住人的就是最里头的房子。

住死巷的房子会败丁，也就是家里不会生男孩，再不然就是家中的男性会夭折、没出息或不结婚。就算后代很聪明，但如果不结婚，也跟绝丁没两样。有些家住死巷里的夫妻一直生不出男孩，甚至连女孩都没有，膝下完全没有一儿半女。

缠丝水

死巷

第二章

好风水别墅
外观图解500例

人们常用"一见钟情"这个词来形容男女之间的倾慕之情，而通常所说的"一见钟情"是由外表决定的。你有没有想过你会对一所房子一见钟情呢？初次见面你会对哪些房子"动情"？随着人们对居住舒适度、居住文化品位要求的不断提高，人们对建筑外观造型、风格取向的理解及要求进一步加深和加强，从而促进了房地产建筑设计风格多元化的局面形成。而所有房子之中，别墅对外观的要求最高。一栋完美的别墅，外观不但要设计新颖独到，更要与周围的环境完美融合。这里面就蕴涵着风水之道。

第一节

欧陆风情

　　说到欧陆建筑，你的脑海中大概马上想到了那些住着王公贵族和吸血鬼的巍峨古堡，继而联想到了"华丽"、"高贵"、"奢华"等形容词。国内早期的"欧陆风格"别墅拥有者几乎全都是这样统一地理解欧陆建筑，于是在建造别墅时只是简单重复地拷贝一些欧式元素，把别墅盖成了一幢幢貌似宫殿而无其内在神韵的大房子，以其作为炫耀财富的工具。随着对欧洲文化了解的深入，人们逐渐意识到这样的认识是对欧陆风情的一种误解，且不说漫漫历史中建筑风格的发展与演进，单是不同的国家又有各自独特的风貌，例如多弧线装饰的西班牙风格、每个立面都有犹如"绷带"装饰的德国风格、门窗细长的法国风格等。

　　欧陆风格的别墅主要以运用古希腊、古罗马的艺术符号为特征，反映在建筑外形上，较多地表现为山花尖顶、罗马柱、通花栏杆等形态，那些与屋檐等高的门廊、巨大的门窗有强烈的装饰效果，给人以整体稳重大方、细节精致的感觉。古典主义建筑别墅重视整体布局，在建筑立面的造型上强调中轴线对称，突出中心，追求主从关系。而现代的欧陆风格别墅融入了新的元素，更多地体现了温馨的意境，少了些豪门大户的高贵深沉，多了些平民式的亲切感。选择欧陆风格，实则代表了这样一种生活态度：舒适、自然、不雕琢，看似随意，又经得起时间的推敲。

　　虽然已过了欧风别墅一统天下的时期，但仍然有很多人钟情于或豪华或温情的欧陆风格，加之欧洲各国不同风格的运用，使得欧陆风情别墅也呈现出千姿百态的外观，单是那屋顶就风情万种。乍看之下，全都是斜面屋顶，仔细区分，你会发现其中竟然有如此多或微妙或显著的差异，这是各国地理、气候条件和民族文化沉淀下来的建筑特征。法式别墅屋顶陡直，上覆青色瓦片；意大利别墅屋顶坡度低，上覆红色卷筒瓦片；英国别墅则通过山墙式坡屋顶显示其绅士味道。管中窥豹，可见一斑，可想而知如今欧陆风格的别墅是何其受欢迎地在神州大地上演绎着异国之梦。

　　只不过，不管是北美风情也好，欧陆风情也罢，如果只是单纯追求形似，也充其量如同画龙没点上睛一样，缺少灵气。只有将中国特色的文化与这些异国风情设计理念融为一体，才能让别墅充分融入中国的山水中，达到"天人合一"的绝佳境界。而风水文化，无疑是最具中国特色的建筑文化的一种。接下来，就让我们在欣赏这些具有浓郁欧陆风情的别墅外观的同时，再从风水的角度来对其吉凶进行一番评析吧。

楼以厚为贵

↓为什么楼以厚为贵呢？从安全的角度考量，楼房越厚，抗震能力就越强一些，人住在里面也就觉得更踏实。以人来打比方，厚的楼就像膀大腰圆的人，自然显得健康。相反地，薄的楼自然就显得弱 不禁风，好像风一刮就能吹倒，怎么能让人有安全感呢?尤其是人们住进一栋房子讲究的都是长长久久，要是楼房的寿命都成问题，住在里面谁还能安心呢？

↑门前一条横直的马路，运势为平。

↑弯折的门前阶梯，能减轻屋外煞气对房屋的影响。

↑门前可以摆放一些吉祥的饰品。

楼厚代表智慧 ❀

↓楼越厚，它纵深的距离就越长，代表着主人拥有丰富的精神内涵。古人追求住宅的厚度，实际上是要告诉后人，人活着应该追求生命的智慧。只有不断地放下成见、敞开胸襟、接纳更多的智慧，才能一步步迈向生命的圆满与辉煌。

↑别墅与周围的房屋应该隔开一定的距离，太近就容易形成穿堂煞。

围墙定吉凶 ❀

↓如果房子四周有围墙，墙外有马路，就像皇宫外面有护城河般层层护卫着，这种格局是非常吉利的。倘若房子周身没有围墙，直接被马路四面包围着，这样的房子可谓"四面楚歌"，非常不吉，人在里面住久了会变得精神紧张，个性偏激、焦躁，甚至得抑郁症。可见，这种格局吉凶与否，关键在于住房外有无设围墙。

↑栅栏式围墙既美观又能为房屋营造吉利的风水。

反弓无情 ❀

↓这指的是门前的道路呈一弧形，但却是向外弯曲，和"玉带揽腰"的格局恰好相反。在风水中，这样的路形称为"反弓路"，是不吉的。

↑道路是弧形的，当车子开过去，就会产生离心力，废气、喧嚣和噪音以及车里面人的烦躁情绪，还有其他种种不好的煞气，都会甩进弧线外边的楼房里。

↑路出现反弓，车祸往往发生得比一般地方多。门前是反弓状马路的话，非常不安全，家人出门都要特别小心。

开运风水吉祥物

砗磲龙凤配

砗磲龙凤配的最大直径约4厘米，为天然砗磲精致项链，经开光道教文化特殊处理。砗磲被认为是世界上最洁白的贝壳，同时也被认为是世界上最坚硬的贝壳，象征爱情的纯洁和牢靠，洁白无瑕、感情永固，是难得的珍贵贝壳之一。

宜 巩固爱情宜戴砗磲龙凤配

砗磲龙凤配宜男女分开佩戴，是专为情侣、夫妻设计的吉祥物，护佑两人永久相亲相爱。强烈推荐情侣、夫妻购买，最好是女方送男方。

忌 砗磲龙凤配忌男女反戴

在佩戴吉祥物时讲究男戴龙、女戴凤，千万不要戴错了，否则会毫无效用，甚至会引起不良效果。

屋门不对院门

←有围墙的别墅，屋门不应该正对着院门，因为"曲则有情"，直来直去的正对反而不好。直来直去意味着屋里存不住东西，不管有多少积蓄，只要遇到事情，立刻就会全都倾泻出来。

↑实际上，屋门、院门不相对的原则关系到的就是财富上的积蓄。院门就好比是第一层口袋，屋门就是第二层了。如果两门相对，就等于两层口袋的出口对在了一起，那么钱财自然就容易倾囊而出。

横朝水

←"横朝水"是指门前有条直来直往的马路。这在郊区的外环道路旁边很常见。外环道路刚开通时，往往只有一两户人家，这些人家住宅的前面全都是横朝水。

↑横朝水因为马路直，往来车辆开得很快，车速快，就代表水流急；水流急，也就意味着财来得急、去得也快。住在这种地方，钱财来来去去，存不住，还是得终日为营生奔波。

玉带揽腰

→没有岔口的一段路，就像一条龙盘绕着房子，在护卫着很珍贵的宝藏，在风水学上这叫"玉带揽腰"。古人会认为，这样的风水能守，不会散失钱财。

加柱不利

→很多人模仿欧美建筑的设计，在透天厝前立面的两边加了罗马柱，中间却不加个阳台外推出来，看起来就像人拄着拐杖站在那里。住拐杖屋，容易导致家人出行不利，比如容易发生车祸，或者因关节疼痛、中风等而拄拐杖或坐轮椅。

开运风水吉祥物

心连心

心连心最大直径约3厘米，为天然玉精致项链，经开光道教文化特殊处理。

宜 表达爱意宜赠心连心

心连心是一款情侣扣，心连着心，心中有心，是表达爱意和真心相连的标志，可随身佩戴。适于情侣佩戴，推荐赠送给对方。

忌 学生忌戴心连心

心连心不适合学生佩戴，只适合情侣、夫妻佩戴。学生佩戴会导致早恋，使精力不集中、学习成绩下降。

地基左高右低，如意又发财 ❁

←这种地基在高架桥或陆桥的闸道出口附近、山坡地或丘陵地带很常见。这种地基虽然没有前低后高、明堂平坦开阔的地基好，但也还算是吉祥的。

↑如果无法使地基的高度左右齐平，那就宁可左边高右边低，形成"拱卫"的格局。这种格局能催旺财运。

地基右高左低，女人当家 ❁

←地基的虎砂高于龙砂的房子，会形成"白虎耸立，女人做主"的局面。

↑地基如呈左高右低，屋主赚钱轻松又如意；但若是右高左低的房子，屋主不是开铁工厂，就是开女人当家的店。这样的店面也能赚钱，但若是一群男性合伙做生意，就会股东不合。

邻楼也可成靠山

↓如果居所所在的楼背后还有一座更高的楼，又处在合适的距离（不太近也不太远），则这座高楼也可以看做是居所的靠山，但效果就不如真山了。

路曲比较有安全保障

↓选择"玉带揽腰"的房子也是基于安全的需要。从交通动线来看，车子开过此地时车头的方向绝不会朝着屋子，自然也就没机会撞过来，对住家来说较有安全保障。

开运风水吉祥物

芙蓉玉手镯

芙蓉玉手镯最大直径约12厘米，为粉红色天然芙蓉玉所制，经开光道教文化特殊处理。

 宜 女子宜戴芙蓉玉手镯

芙蓉玉手镯适于女子佩戴，其天然成分有美容保颜之功效，且美观大方，世代相传，越戴越灵。可随身佩戴，少年女子使用效果极佳。

 忌 芙蓉玉手镯忌戴在右手

芙蓉玉手镯适合戴在左手，不适合戴在右手，因右边是白虎方，会带来煞气。

前窄后宽，世代为官

←前窄后宽的房子，就像农村人用的畚箕，畚箕因为口小肚大，什么都装得下却不易掉出来，在风水中这是能够存住钱财的象征。住在地基如畚箕的房子，钱财会不断滚进来，同时又因为门口小，所以不会露财。

↑房大门小是良屋。一来，越进入室内会越感觉宽敞，令人心旷神怡；二来，门小也让人有安全感，因为大门的开口小，屋主就无需时常注意屋前是否会有闲杂人等随意走入屋里，或看清屋内人的一举一动。

窗户宜向南开

←过去，风水学比较强调住宅朝南而建。从自然的角度来说，向东或向西的房子分别在上午和下午被强烈的阳光照射，向北的房子会接纳北方寒冷之气，而向南却有暖和之水，因此民间有句话："千金难买向南居。"窗户向南亦同此理。所以窗户要尽量向南开，比如开在东南、西南、正南，可以接纳南边不寒不燥的气流，于人体健康和人的命运而言都是理想的选择。

↑窗户的大小和朝向都要根据房屋的实际状况来设置。

与树为邻，幸福伴你行 🪷

↓树有一个特点，就是在人类破坏着环境的同时，树在修补环境。因此，选择与树做邻居，它们的蓬勃生机也会给居住者带来好运。

前低后高，负阴抱阳 🪷

↓宅基地应前低后高，不论是山坡地还是平洋地，以建在向阳坡向为上。在北半球，均以北高南低利于负阴抱阳、御风采光。

开运风水吉祥物

绿幽灵手链

绿幽灵情侣手链每颗最大直径约10毫米，为天然绿幽灵水晶，经开光道教文化特殊处理。

宜 事业型情侣或夫妻宜戴绿幽灵手链

事业型情侣或夫妻佩戴绿幽灵手链最佳，同时佩戴同一种晶体会使得效果倍增，两人会同心同德、天长地久，还可扩展事业，主招正财，即招因辛勤努力而累积的财富。对于个人事业，不论是攻或守，皆有极大帮助，财富自然积聚起来。

忌 孩子忌戴绿幽灵手链

绿幽灵手链可促进异性缘，为催桃花、催财运的手链，不适合孩子佩戴。

前低后高，世产英豪

←前低后高的地基代表一代会比一代好、一年会比一年好。人住在这样的房子里，能积累财富，会升官发财，做事也比较轻松如意。

↑在选地块时，应选最高点在地块北端的。正穴点位于最高点，由北坡向南，一则便于理水，二则可以从优安排次要建筑物。风水上认为，北坡向的地块不宜建住宅。

前宽后窄的房子不吉

←无论是地基在后面缺了一角，还是越往屋后空间就越小，全都属于这种格局，也称为"龙虎不亲，手足分离"。进入这样的房子时，会感觉自己像是走入死路一般，眼前视野虽然很宽，但从屋外看屋内也一览无遗，会让人没有安全感。

↑住在前宽后窄的房屋，家人都不喜欢待家里，兄弟姐妹的感情不和谐，父母则会无情无义且容易分离。另外，住在这样的屋里也容易散财。

邻里亲近，和谐一体 ❧

→即便是独栋别墅，也要讲究与邻里亲近、和谐。比方说，屋角不能对着别的房屋而形成角煞，窗户不能反光照射别的房屋形成光煞等。所以，在建别墅这事上，不能一味追求特立独行。

前低后高，出入顺畅 ❧

→房子的地基前低后高，从屋前的马路、庭院、客厅，一直到后面的厨房与后阳台，一级比一级高。这样，进入屋内会觉得步步高升，出门则由高而下，让人觉得非常顺畅。

开运风水吉祥物

金发晶手链

金发晶手链每颗最大直径约10毫米，为天然金发晶水晶，经开光道教文化特殊处理。

 招偏财宜戴金发晶手链

金发晶手链适于要招偏财运的人士佩戴，主要适于从事娱乐、休闲等业，工作机动性较大、工作时间较自由的非坐班人员。可帮助缺乏行动力、优柔寡断的人提高勇气，帮助耳根软的人士坚定立场。特别适合夜间工作并出入各种杂气、病气场所的人士使用，对胃、肠、肝、胆、皮肤都有益。

 学生忌戴金发晶手链

金发晶手链为可招偏财、催桃花的手链，不适合学生佩戴，容易导致分心、精神不集中、学习成绩下降。

明堂聚水

←住宅大门前方稍远处有喷水池、游泳池或自然水池，形状方或正圆，称为"明堂聚水"。明堂聚水是一种非常吉祥的风水格局。

↑为什么说"明堂聚水"是一种非常吉祥的格局呢？因为在风水上水代表财，明堂聚水就代表财聚到家里了。这样的风水有助于招来财运。

草木靠山能带来好运

←房子宜有靠，但并非所有的后山都能成为房子的靠山。当后山草木青翠、欣欣向荣时，这样的靠山才能给你带来好运。反之，倘若山上怪石林立、草木不兴，这样的山是不宜"靠"的。

↑房子的基础宜实不宜虚。

活水才能出好运

↓活水千万不能让它变成死水，只有活水才能带来好运。所以，若是在庭院中央建了一座人工喷水池或者鱼池，一定要定期让水流进来又排出去，让这个池子维持活水的状态，并且要照料好池里的鱼，不能让其死亡。

明堂不宜高低不平

↓不少屋主喜欢在明堂造假山、挖池塘，弄得地面高低不平。从风水上来说，这是很不好的。住在这种屋子里的人，一生运势会起起伏伏，多坎坷。

开运风水吉祥物

紫黄晶手链

紫黄晶手链每颗最大直径约10毫米，为天然紫黄晶，经开光道教文化特殊处理，可令人脑筋灵活、加强财运。

宜 调和关系宜戴紫黄晶手链

紫黄晶手链是最佳的调和石、颜色高贵、代表浪漫、好姻缘。本手链结合了浪漫的紫色宇宙光与富贵吉祥的金黄色财运光，最适合用于调和婆媳、夫妻、朋友、同事、上下级之间的摩擦。

忌 紫黄晶手链忌戴在右手

紫黄晶手链适合戴在左手，不适合戴在右手，因右边属于白虎方，会带来不好的煞气。

房子的颜色要与周围环境相协调

←房子的主色调要与周围环境的主色调相协调。如果别墅周围的房子都是用蓝色，最好自己的别墅也用蓝色，否则会给人一种桀骜不驯的感觉。

↑房子的房前屋后宜种植花草。

选择房子的颜色要了解五行生克关系

←房子的颜色要注重五行，首先得了解五行之间的生克关系。五行相生的关系是：木生火，火生土，土生金，金生水，水生木。五行相克的关系是：木克土，土克水，水克火，火克金，金克木。

↑房子周围宜铺绿草地，绿草地是活氧的来源，也是福气的来源。

与水相伴，积聚财气 ✿

↓有水的地方总是显得特别有情调，更何况水在风水上是代表财气的，所以傍水的别墅是不错的选择。当然，当住宅邻水时，也不能光看水景，还要注意水的风水作用。

楼与楼要和谐共处 ✿

→楼与楼之间也讲究和谐共处。当你在一片别墅群中选择别墅时，最好看看这一片别墅是否整齐划一，如果排列参差不齐的话，很容易相互间形成角煞。

开运风水吉祥物

红纹石手链

红纹石手链每颗最大直径约9毫米，为天然红纹石，经开光道教文化特殊处理。红纹石手链拥有最精纯的粉红能量，可增进异性缘，对提高心肺、免疫淋巴系统、胸腺功能都有一定帮助。

宜 提升个人气质宜戴红纹石手链

红纹石手链象征坚固的爱情，可激发人的深层内在美，提升个人气质，突显动人美貌，令爱情甜蜜、家庭幸福美满，适合于已有对象的人佩戴，可增加其信心。

忌 学生忌戴红纹石手链

红纹石手链可促进异性缘，为催桃花的手链，不适合学生佩戴，容易导致分心、精神不集中、学习成绩下降。

了解颜色的五行

↓房子的颜色能否与周围环境协调，更重要的是要看颜色的五行。颜色的五行分别是：青属木、红属火、黄属土、白属金、黑属水。

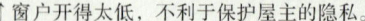

↑窗户开得太低，不利于保护屋主的隐私。

↑窗户边宜种植花草。

适合坐东朝西的房子的颜色 ✿

↓住宅的坐向是坐东朝西，正东方五行属木，用属水的黑、灰、蓝色系才能对住宅有所助力，因为水生木。倘若用克木的金色系如白、金、银色等就不吉。

适合坐北朝南的房子的颜色 ✿

↓住宅的坐向是坐北朝南，正北方五行属水，适合的颜色为蓝色系、黑色系、白色系(象牙白)，这些色系对营造住宅好风水很有帮助。

开运风水吉祥物

月光石手链

月光石手链每颗最大直径约9毫米，为天然月光石，经开光道教文化特殊处理。

宜 减肥宜戴月光石手链

月光石手链可减肥瘦身，使人青春靓丽。它对应人体七轮中的顶轮，可使人心灵平静。还具有集中精神、提高注意力的功效，可使体内之病气从脚底排出，使人头脑清醒，精神爽朗，并可攻破不良的气流，净化全身，使人体恢复健康。

忌 未成年人忌戴月光石手链

未成年人处在长身体的时期，不宜戴月光石手链，否则会影响正常的成长发育。

坐西南朝东北的房子的颜色 ✿

↓住宅的坐向是坐西南朝东北，西南方五行属土，适合的颜色为花岗石的黄色系或白色系。

坐西北朝东南的房子的颜色 ✿

↓住宅的坐向是坐西北朝东南，西北方五行属金，适合的颜色为黄色系、黄红色系，最佳的颜色是金黄色系。若为玻璃围幕的大楼，用金黄色能让居住者财源广进。

适合坐南朝北的房子的颜色 ✿

↓住宅的坐向是坐南朝北，正南方五行属火，适合的颜色是偏绿色系或黄色系、红色系。

坐东北朝西南的房子的颜色 ✿

↓住宅的坐向是坐东北朝西南，东北方五行属土，适合的颜色为黄色系或白色系。

适合坐西朝东的房子的颜色 ❀

↓住宅的坐向是坐西朝东，正西方五行属金，最适合的颜色为花岗石的黄色系及一般黄色系，白色系也对房子很有利。

开运风水吉祥物

粉玉髓手链

粉玉髓女士专用手链，每颗最大直径约10毫米，为天然玉髓，经开光道教文化特殊处理。

宜　美容养颜宜戴粉玉髓手链

粉玉髓堪称"女士之宝"，是每个女人不可缺少的美容养颜之宝石。粉玉髓象征温柔的恋情、浪漫的相遇和爱的觉醒，可令爱情时刻保持动力，让自己处于恋爱幸福之中。

忌　粉玉髓手链忌戴在右手

粉玉髓手链适合戴在左手，不适合戴在右手，因右边为白虎方，会带来不好的煞气。

色彩属火房子的吉方位 ✿

↓房子的外观主色为属火的红、橙、紫色时，房子最好朝向南方，因为南方是属火的方位，能带来好运、智慧和艺术感等。

休闲生活，由外而内 ✿

↓庭院的功能，不仅是美化房屋的外在环境，而且还是为了扩大房屋功能的范围，因此，可在庭院配置供休息、娱乐的凳椅、秋千等，让休闲的情调弥漫房屋内外。

便利生活，触手可及 ✿

↓完美的别墅也是供人居住和生活的，房子周围要配置完善的娱乐设施、生活设施等。便利生活触手可及的别墅才能真正给人们带来享受。

塔形建筑不适合当住宅 ✿

↓塔是一种供奉或收藏佛舍利（佛骨）、佛像、佛经、僧人遗体等的高耸型点式建筑，又称"佛塔"、"宝塔"。一般住宅最好不要设计成塔形，因为一般人消受不起，并且非常不便于生活。

豪华而不奢侈的舒适居所 ❀

↓汉白玉的阳台小柱，精美的琉璃瓦，搭配质朴的红砖墙壁，一切都显得豪华却不奢侈，这正符合风水之道，房屋的舒适感比一切虚有其表的奢华都来得重要。

清新淡雅而不平淡的随性家宅 ❀

↓有些别墅，外观用的是最简单的颜色，白色、黄色或者灰色，外形也没有追求新奇和个性，但是却并不让人觉得平淡，反而看上去清新淡雅。

开运风水吉祥物

龙凤佩

　　龙凤佩最大直径约4厘米，为天然玉石精致项链，经开光道教文化特殊处理。

宜 龙凤佩宜情侣、夫妻佩戴

　　龙凤佩宜男女分开佩戴，是为情侣或夫妻设计的随身佩戴的吉祥物。可以护佑爱情永恒，使夫妻始终恩爱如初，也适于情侣或夫妻互赠对方。

忌 龙凤佩忌男女反戴

　　龙凤佩要按照"男戴龙，女戴凤"的方法佩戴，不要男戴凤而女戴龙，否则不但起不了作用，反而会带来不好的运势。

门外的走廊要美观 ✦

↓有的房子在门外设置一条走廊，这条走廊既是明堂与大门之间的过渡，也是房屋的第一个气口，所以这个走廊一定要非常美观、通畅，不能充斥着杂物，否则既有碍观瞻，又败坏风水。

住宅四周的植物要勤于修剪 ✦

↓住宅四周的植物是用来给房子及屋主带来生机和活力的，而不是用来败坏房子景象的。整体周围的植物一定要勤于修剪，否则不但影响房子风水，也会影响房屋整体的美观。

建筑的外观图案有讲究 ✦

↓建筑墙体的外观图案也有讲究，从风水上来说，一切尖角的东西都是忌讳的，因此，外墙也要注意不要过多地采用边角锐利的图案。

睦邻友好 ✦

↓排式的别墅，一定要秉持"睦邻友好"的原则，不能只顾自己住宅的运势和设计就忽略了邻居。如不能将屋角对着他人的房门，装饰时记住不要让自家玻璃散发的光反射到别人的屋宅上。

周围不要有长期空置的房子 ✦

↓有时候一栋房子，形状、方位、采光、环境等都完美，但也不一定就是好风水的房子。还要看看四周，如果周围有长期空置的房屋，就会影响自己房子的风水。因为长期空置的房屋阴气太重，不吉。

窗朝东方开，紫气东来 ✦

↓风水学中，在不同的方位开窗表达着不同的含义，且各自有不同的作用。太阳从东方升起时就预示着新生命的开始，它孕育着希望与生机。一般住家都会选择朝东的窗户，这样住宅可阳气充沛，寓意吉祥，风水上称为"紫气东来"。

开运风水吉祥物

铜锣

　　当某地经常出现异常声响时，一般可使用铜锣来净化气场。铜锣的响声可以传递至很远的地方，锣声所到之处周围的气场都可以得到净化，古代的为官者鸣锣开道即为此意。

宜　净化气场宜用铜锣

　　有些住宅长年没有人居住，可能会有些不吉的气场，尤其是一些经常有异常声响的场地，宜使用铜锣来净化气场，驱散邪气。

忌　铜锣忌常挂家中

　　在人气比较旺的地方居住，经常听到铜锣声会使得家庭成员多病，造成家庭人丁稀少。住在楼下经常听到锣声则会形成声煞。所以铜锣不宜经常挂于家中，可将其收藏在隐秘之处。

窗户不宜喧宾夺主

←一栋房子如果窗户多且大，而大门却小而窄，就会给人一种喧宾夺主之感。这样的风水会导致家里长幼不分，没有应有的家庭秩序和伦理道德。

↑车子也要呼吸，半敞开的车库有利于车子的呼吸和保养。

扫把屋是一种很好的招财局

←扫把是上窄下阔，如一个梯形之物。如屋形如梯，便是扫把屋。扫把屋在风水学中是一种很好的招财局，如果能住进一间梯形的扫把屋，自然会福慧天成。

↑并不是所有人都可以住进扫把屋这样的招财局。不过，佩戴一个与自己五行相合的宝石制成的扫把形饰物，也可以起到很好的招财作用。

庭院的石块 ✿

↓传统的风水学认为，铺设过多石块会使庭院的泥土气息消失。石块是阴柔的物品，能充斥阴气，从而使住户的阳气受损。实际生活中，太多的石块影响走路，易硌脚或使人碰伤。烈日下暴晒中的石块会保留相当大的热量，而且吸收的热量不易散失，即使在夜间也仍然燥热异常。在冬季，石块吸收空气中的暖气，会使周围更加寒冷。而下雨天，石块则阻碍水分蒸发，加重住宅的阴湿之气。

↑既然铺设过多石块有那么多缺点，那么就该考虑以其他方式来美化庭院。可以考虑将石头设计成人工的硬质景观，如调度、石刻、盆景、假山等，再利用绿化、水体造型的软质景观与之相搭配，通过整个庭院景观来体现住宅深厚的文化内涵。

开运风水吉祥物

镜球

　　镜球具有反射不吉之气、扩散气场之功效。在房间的角落或阴暗的地方可以悬吊镜球，能反射、弹开那些不吉之气，提高气的流动性。另外，将镜球悬吊在良气流通的地方，可以将良气循环散送到整个房间。

宜 化解煞气宜悬吊镜球

　　房间的角落或阴暗的地方煞气较重，宜悬吊镜球，可以反射、弹开那些不吉之气，并使之扩散开去，提高气的流动性。

忌 镜球忌置于桌面

　　有的人会给镜球加上一个底座，将其放置在桌面上，以示尊重。其实最好还是将镜球悬吊起来，这样才能够起到化煞作用。

过道风水

→干净整洁的过道会给居住者带来好心情，也方便居住者随意行走。过道是人们经常走动的空间，宜保持长期的照明，这样既方便日常生活，又能带来好的家运。过道装饰美观与否主要体现在墙饰上，墙饰做得好能增添文明、雅静的气息。

拱门和拱窗非风水之道

→很多装潢为求新颖好看，将门窗设计成拱形。从风水上来讲，这是不可取的。拱门在古代只有在宫殿或是公园等公共场所才会设置。家中有拱门或拱窗，主辛劳，事业半途而废，又易招引露水桃花，不利婚姻、家运。在现代，拱门只能为庙堂所用。

窗户高度应超过居住者的身高

↓窗户的顶端高度必须超过居住者的身高，这既可增加居住者的自信和气度，同时在居住者眺望窗外风景时，也不致因弯腰弓背而感到吃力。

开运风水吉祥物

风水葫芦

风水里经常在葫芦的下面铺垫上铜制的古钱或八卦，使其变成"八卦化煞转运葫芦"，可以除去所有自己厌恶的东西。它可以阻止财气化散，其"止泄耗财气"的用法是非常有名的。在使用时，可在葫芦中放入水晶和七宝等物，然后将葫芦放在自己所处的环境空间中。

宜 化煞转运宜用风水葫芦

风水葫芦是用五行属金的铜制成的，铜有化煞转运的作用，加之葫芦有收煞的作用，使其化煞效果倍增。女性如果在葫芦中放入红水晶和水晶玉等十宝，并在房间焚香的话，就可以获得温柔的一面。因为红水晶可以带来异性缘和良缘，而水晶玉可以促使目的达成。

忌 风水葫芦忌置凶位

葫芦是风水上的一个法宝，在使用上根据其质地的不同，具体用法也不一样。葫芦有木制品、铜制品、水晶制品等，用法各异。一般的木葫芦适合放在东南、正东、正北、正南各方向，但是这几个方位又要根据其吉凶位安放，一般来说，在你的左边安放是不会错的。

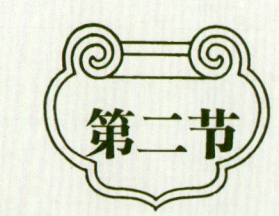

第二节

东方风情

　　别墅建筑发展到今天，绝不再是仅仅供人居住这么简单，它还承载着人类的文明，正是各种文化的发展促使世界各地别墅建筑绮丽千姿，各具特色。而在东方——太阳升起的地方，几大文明古国在这片神奇的土地上创造出了灿烂的人类文明，也积累了悠久的建筑历史。

　　自上个世纪70年代以后，亚洲一些国家的经济开始起飞，而经济发展换得的第一桶金，大多被用于建造西方样式的现代建筑了。这股浪潮异常汹涌，它快速覆盖了那些乡土建筑文化，大量原生性文化遗存一夜间被拆毁，消失了。当简单嫁接和模仿国外建筑(特别是西方建筑)的潮头涌过之后，本土的一批建筑师开始察觉出了文化的失落，他们开始思索亚洲人的文化创造和劳动价值应该如何实现。由小资转向资本的文化人或附庸风雅的商人在厌倦了巴洛克风格的浮华后，也开始重新发现东方风情的魅力。

　　设计师们意识到重要的不是形式，而是蕴涵在建筑传统中的生存智慧，他们把东方元素和现代的材料、技术融合起来，造就了独具风韵的东方风情。看那含蓄的中式别墅，或圆或方的窗格和户外一块野石流露出浓郁的中国味，微微上翘的屋角使原本沉重的建筑主体有向上的趋势，四两拨千斤地赋予别墅一种轻盈感；还有那洋溢东南亚热带风情的别墅，传统的缅甸层叠屋面和有韵律的尖顶勾勒出和谐的空间形态，有种佛教文化带来的静谧感，又或是绚丽的热带暖色营造出的富丽堂皇；日式别墅沿袭了日本建筑的宁静与归隐精神，门前那个装饰性花园是大自然的缩影，用于发人深省而非涉足其中。别墅用材也尽量就地取材，大量使用木、竹、砖、石，颜色鲜艳的原木色造就热烈的热带风情，素雅的淡色阐释简约的禅宗精神。石材的选用则增添了一份自然与古朴，往往一块顽石也能赋予一幢别墅别样的灵性。

　　所有这一切，只为体现"天人合一"的理念，把传统文化精华与现代生活结合起来。不过，一栋完美的别墅光有完美的设计还是远远不够的。要真正做到天人合一，就得充分将中国的传统文化精髓——风水容纳进来。接下来，就让我们在欣赏这些具有浓郁东方风情的别墅外观的同时，再从风水的角度来对其吉凶进行一番评析吧。

庭院的幸运区

↓通往庭院的入门明确时，通往庭院的入口（例如门）与庭院部分的中心连结的对角线通过的区域，就是庭院的幸运区。通往庭院的入口不明确时，住宅的中心与庭院的中心连接部分的区域为幸运区。

庭院应是一个充满绿意的休闲活动场所

↓很多别墅会拥有一个可以亲近泥土地的庭院。在庭院闲庭信步，摆弄花草，这会给我们的生活带来何等的乐趣？有个比喻说，庭院和阳台有如一栋住宅的呼吸道，直接接触外面的自然世界，它们应该是一个充满绿意的休闲活动场所。

开运风水吉祥物

朱雀

　　凤凰在中国是一种代表幸福的灵物，它的原型有很多种，如锦鸡、孔雀、鹰鹫、鹄、玄鸟（燕子）等，又有说是佛教的大鹏金翅鸟所变。神话中的凤凰有鸡的脑袋、燕子的下巴、蛇的颈、鱼的尾。凤有五个品种，是以颜色来分的：红是凤，青是鸾鸟，白是天鹅，另有黄和紫的凤凰，可称为朱雀或玄鸟。朱雀是四灵之一，它是出自星宿的，是南方七宿，即井、鬼、柳、星、张、翼、轸的总称。朱为赤色，南方属火，所以它有从火里重生的特性，故朱雀又叫火凤凰。

宜 **朱雀宜置于正南方**

　　若家中口舌是非较多，则可以在正南方安放朱雀来化解，但是必须注意，摆放朱雀的高度不可高过主人的身高。

忌 **朱雀忌单独摆放**

　　由于朱雀为四神兽之一，经过开光后，最好是四神兽成套使用。朱雀除了正南方，在其他方位都不宜单独摆放。

栽种要注意植物的阴阳属性 ✿

↓植物有阴阳。喜阳的植物，植于阴湿处不会开花、结果，有的会死亡。梅花、玫瑰、牡丹、杜鹃、菊花等属阳性植物，文竹、万年青、巴西铁、龟背竹等属阴性植物。

属金房子宜种植属土的植物 ✿

↓凌霄、金桂、金橘、黄素馨、黄钟花、瓜类、草类五行属土，属土的植物可调节脾胃，且土生金，属金的房子宜种植属土的植物。

庭院最好不要种植落叶乔木 ✿

↓落叶乔木在其他季节一派欣欣向荣景象，而到了落叶的季节则一派肃杀景象，这样不利于屋主运势的平稳发展。落叶乔木在落叶季节，会让整个庭院到处都飘满枯叶，也难于清理。

旁边树木不高于房屋顶为佳 ✿

↓旁边的树木以不高于房屋顶为佳，或者虽高于屋顶，但却并未对屋内的采光造成影响。若不是这样，就会导致屋内阴气过重而影响人体身心健康，形成风水学中的凶煞。

庭院适合种植竹子 ❧

↓庭院适合栽种竹子。竹子有节，象征做人有骨气。不过，竹子种类繁多，并不是每种竹子都适合种植在庭院里。观音竹和葫芦竹适合种植在庭院里，对子孙后代会很好。

庭院空间不宜太逼仄 ❧

↓如果围墙离房屋太近，庭院的空间就会显得特别逼仄，这样的风水是很不吉的。从实用角度看，围墙离屋太近，不但妨碍人的活动，也会让人觉得沉闷和压抑。

开运风水吉祥物

玄武

　　玄武是由龟和蛇组合而成的一种灵物。玄武的本意是玄冥，"武"和"冥"古音是相通的。武，是"黑色"的意思；冥，就是"阴"的意思。玄冥起初是对龟卜的形容，龟背是黑色的，龟卜就是请龟到冥间去诣问案带回来，然后以卜兆的形式显示给世人。因此，最早的玄武就是指占卜。以后，玄冥的含义不断地扩大。龟生活在江河湖海（包括海龟），因而玄冥就成了水神；乌龟长寿，玄冥又成了长生不老的象征；最初的冥间在北方，殷商的甲骨占卜"其卜必北向"，所以玄冥又成了北方神。

宜 玄武宜摆在后方或北方

　　风水有言："左青龙、右白虎、前朱雀、后玄武。"玄武又称北方之神，所以在安放玄武时，宜设在房屋后方或北方。将其摆放在董事长的桌子后面，可以防御攻击，使人安心工作、事业有成。

忌 玄武忌单独使用

　　玄武为四神兽之一，经过开光的四神兽宜成套使用。除了正北方可以单独摆放玄武，其他方位都不适合单独安放，宜谨慎使用。

住宅不可模仿寺庙 ❀

↓现代人都讲究装潢，房子总要装修得好看一点，看着才舒心。风水上有条原则：住宅再怎么装修，也不可以模仿寺庙。尤其是院墙和大门，千万不能铺琉璃瓦、垒大屋檐。

树相影响宅气 ❀

↓人有人相，物有物相。树木的生长和形态对人的运势有无形的影响。树对宅，就犹如衣对人。树木为衣，宅借以蔽护生机。树木茂盛，则宅气旺兴；树木枯萎，则宅气衰败。

树木不可妨碍采光 ❀

↓凡树阴蔽天的房屋，或是藤蔓遍布的庭院，看上去似乎苍翠茂盛，实则不利风水。阳光是生命的能源，如果任由树木、藤蔓蔓延生长，则会妨碍房屋的采光。

树木的不吉方位 ❀

↓树木在南方，不利；西方有树，而且还不只一株两株，大不利；西南方有树木，大不利；东北方向有树木，被认为是吉凶参半。

庭院树木的生旺种法

↓庭院中最好是生长季不同的树木交替种植。这样的话，在不同的季节，庭院里都会拥有长势旺盛的植物。倘若只种植一类型植物，就可能使庭院在某个季节生机勃发，而在另外的季节却一片落败之象。

花坛不管建在哪一个方位都为吉

↓风水中有句格言："植木防难，花隐难。"也就是说，在任何方位兴建花坛都不会产生凶作用。如果是在吉利方位兴建花坛，则更能增强吉的作用。

开运风水吉祥物

天然葫芦

葫芦是人们喜爱的一种吉祥物，它形态优美，线条柔和而灵动，且有增进身体健康、增强夫妻感情的作用。葫芦的"蔓"与"万"谐音，每个成熟的葫芦里都有很多葫芦籽，令人们联想到"子孙万代，繁茂吉祥"。葫芦谐音"护禄""福禄"，人们认为它可以祈求幸福、增添财富，用红绳串绑五个葫芦，称为"五福临门"。在书房、客厅、卧室均可摆放葫芦，象征祛病、强身、多子多福。

宜 祛病强身宜置天然葫芦

在中国传统的开运吉祥物中，葫芦具有辟邪、除厄纳福、增进财运等神奇功效。因为葫芦的瓶口小、瓶身大，易入难出，可用来化病去煞，行医者用之更佳。相传葫芦为神仙的法宝，有葫芦作法器者皆能治病救人。天然葫芦最适合医生、体弱易病者使用。

忌 天然葫芦忌置凶位

天然葫芦是风水上的法宝，有木制品、铜制品、水晶制品等，在使用上根据其质地的不同，具体用法也不一样。例如一般木葫芦适合放在东南、正东、正北、正南，但是这几个方位又要根据其吉凶位来安放，一般来说在你的左边安放都不会错。

从风水的角度看圆形花坛

↓圆形花坛的特征就是不管从哪个方向看，花坛都是相同的，而且正中央看起来像山一样。如果花坛周围还有空间，那么它对生旺住宅就特别有效了。

从风水的角度看方形花坛

↓正方形或长方形的花坛，可以建在庭院或玄关的门口。朝向东、东北、东南的庭院用方形花坛较好。东边的话种红花，东北则种白花，东南种橘色的花，更能提升力量。

从风水的角度看带状花坛

↓在玄关和庭院交界处建带状花坛，循环栽种用白色与粉红色、白色与红色、红色与蓝色等花，形成一定的条纹，具有提升人际关系的作用。

布置好前院

↓前院应清洁，不重豪华美观。应有适量的花木，不过不可太多太杂，使阴气湿重。排水应畅通，地面不应有青苔湿气。

孤阳不生，孤阴不长

↓开花结果的植物喜欢与异性同栽，不喜欢同性片植或孤栽。如银杏树必须雌雄同栽、苹果树孤栽不结果，果农是知道这些属性的。风水学上认为，植物孤阳不生，孤阴不长。在庭院栽种植物要知道这些常识。

开运风水吉祥物

虎眼石手链

　　虎眼石手链每颗最大直径约1厘米，为天然虎眼石，经开光道教文化特殊处理，可增强生命力，给人带来信心。戴上虎眼石手链，可以使人做事能贯彻始终，做人能坚守原则。

宜 强健身体宜戴虎眼石手链

　　虎眼石手链可帮人坚定信念，积聚财富，还能激发勇气，给人带来信心，使人勇敢，改善其胆小懦弱的个性。虎眼石手链也可加强生命力，适合体弱多病或大病初愈的人使用。

忌 学生忌戴虎眼石手链

　　虎眼石手链可促进异性缘，是催桃花的手链。此手链不适合学生使用，容易导致分心、精神不集中、学习成绩下降等。

室外过道的风水

↓在风水上很多人会忽略过道，实际上过道攸关一个人的社会地位、信用以及整体运气。过道宽度应保持在1.9米以上，而且应有栏杆、屋顶，并有数根支柱支撑以突出个性。若能如此，则无论在哪个方位均为吉相。

路通财通

↓俗话说"路通财通"，就是说要保持过道的畅通无阻，财运才会如意。过道在住宅风水上很难变成吉相，但在东、东南、南、西南方位的过道，基于通风、采光较佳而言，也可能成为吉相。在除此之外的方位则很难变成吉相，最不好的格局是过道把房子一分为二。

住宅的高度与邻宅的关系 ✿

↓住宅建多高也要考虑邻宅的高度，四面矮而自己独高的房屋称为"天冲屋"，这样的屋子容易招来嫉妒。事实上，这样的房子也不容易赚到钱，因为离水太远，马路是水，水就是财，凡是离马路太远的地方都比较不易赚钱。不过，住得高的人官运会比较好。

开运风水吉祥物

聚财小双龙

小双龙直径约为35厘米，纯桃木所制，为公司、店铺聚财专用的吉祥物系列法器。

宜 公司招财宜置小双龙

小双龙可解决公司投入多、而收入少、不稳定、步步难行等问题。适宜将其安放在公司总负责人的办公室，正对总负责人的座位。

忌 小双龙忌置其他部门

一般来说小双龙要放于公司总负责人的办公室，或放于公司大门口正对大门，放于其他部门均无招财、改运的效果。

房子形状与邻宅的关系

↓在成片的别墅区中，独栋别墅的形状最好不要特立独行。如果一栋别墅一个形状的话，会让人觉得像进了一个张牙舞爪的世界里，对人的身心有不利影响。

用植物布"场"

↓万物皆存在"场"，在"场"的作用下，物体之间互相转移变化。民间有"铜器不存金，存金不纯"的说法。用植物布"场"，改善人居环境，颐养人之身体，更是风水绿化的妙处所在。

庭院的树木花草不宜太巨大

→树的生长有它本身的气势，气势过于旺盛也不是好事，因树林茂盛会阻挡阳光，使阳光不能穿透，这样一来，积聚的湿气太重，就不利于人体健康。

避开火型煞

↓别墅周围有如火焰状的建筑、加油站、发射塔、高压线、形状为三角形的物体等为火型煞，火型煞在八卦中代表离卦，离卦为火，"离"又代表眼睛和血液。火型煞最大的危害是不利于视力，易出现口舌疾病和伤灾。

开运风水吉祥物

聚财大双龙

　　大双龙直径约为38厘米，重8千克，由纯桃木所制，是目前最精致的吉祥物系列法器。专为写字楼、办公楼、行政职务部门、资产在一千万元以内的中小型公司设计。

宜 公司聚财宜置大双龙

　　大双龙主要用于集团公司和行政职务部门等场合来藏风聚气，汇聚人气。人气就是财气，可致事业腾达、财源滚滚、业务节节高升。适宜将其安放在公司的大厅内，以正对大门为好，可聚集金钱，增强财运。

忌 大双龙忌置公司任意部门

　　大双龙一般放于总负责人的办公室内，或放在公司大门口正对大门，放于其他部门均不合适。

第三节
现代风情

　　现代风格的建筑与装饰，曾被一些建筑设计师视为"毫无人性的玻璃盒子"，但它在讽刺与骂声中仍旧得到发展和普及，并在此基础上促进了人类对建筑的新认识。对于"现代"这个概念，我们不想陷入学派之争，姑且把"现代"当做一种感觉吧。活在当下的人们可以借着老照片、老房子来怀旧，可是人的意识、人的思潮是永远随着时代进步的。建筑作为一种"作品"，不可避免地伴随一代代思潮的兴起而"变脸"。新的建筑学概念要求建筑不仅要和自然环境产生关系，还要和历史、现实和未来产生关系。

　　当代的现代式别墅早已不再遵从"形式随从功能"、"少就是多"、"装饰就是罪恶"、"住宅是居住的机器"等信条，确切地说，它们应归入"后现代"的家谱。现代感趋向于表现"个性"，体现"象征"意义，其标准就是能够让人一见难忘。或者是整体造型的奇异，或者是某些部位的独特，又或者是颜色大胆运用，总之，一幢好的现代式风情别墅可给人眼前一亮的惊喜，这份惊喜来自于创意的奇袭。建筑师要求建筑形象更有表现力，讲求"个性"与"象征"的倾向正是为了实现这个目的。主张这种倾向的人并不把自己固定在某一种手段上，也不与他人结成派，只是大显神通地努力达到自己预期的效果，完成一次次简单至极或怪异至极的个人表演。

　　曾经有种说法，没有斜面屋顶的别墅就不成为别墅。但是现代风格别墅的出现打破了这一说法，也打破了古典美学强调的完整、统一、和谐。建筑师按照突现的灵感，采用各种材料设计建造出既满足住宅功能需要，又给人强烈视觉冲击感的别墅。没有复杂的细节，没有刻意营造富人的气派，而强调整体的视觉效果，如用大面积的色彩给人以视觉的冲击，或以简单的几何图形搭配，立体感与现代感十足。

　　现代人生活节奏快，注重个性的张扬，崇尚高科技，现代式风格的别墅正好满足了这些需求。不过，不管现代人如何追求个性、追求高科技，一些基本的风水之道还是必须严格遵循的，因为只有这样才能让房子在张扬个性、充满美感的同时也充满吉祥之气。接下来，就让我们在欣赏这些具有浓郁现代风情的别墅外观的同时，再从风水的角度来对其吉凶进行一番评析吧。

背靠贵星山：主财运

↓这种山并不太高，山顶平坦如同一座平台。贵星山与居所的最佳组合是：房子的坐向是东北向，贵星山位于房子的西南；房子的坐向是西南向，贵星山位于房子的东北，这样的组合被称为"不动坐向"，是最为稳定的一种，最能把靠山的力量发挥到最大，居住者的财运最能得到靠山的扶持。

↑做生意的人可以选择背靠贵星山的居所。

开运风水吉祥物

神龙戏水

神龙戏水直径为110～130厘米，重35千克，由纯桃木所制，是目前最大的吉祥物系列法器。神龙戏水适用于集团公司、工厂、厂矿、商场、星级宾馆、酒店、娱乐场等企业单位和场所。

宜　改善气场宜用神龙戏水

改善气场的目的是化解戾气，汇聚人气，保平安，使生意兴隆。神龙戏水制作开光需要一个多月，能令公司、商业场所等时来运转、路路畅通。神龙戏水为特制专供，应在专业人士的指导下安放。

忌　神龙戏水忌置凶位

神龙戏水只适合放于公司或酒店的大门口正对大门，其他地方均不利于摆放，尤其不宜摆放在建筑物的凶方。

背靠金星山：主吉昌

←靠山位于居所的正西方或西北方，山形呈圆形，坡度不大，山势平缓，这样的靠山被称为金星山。金星山主吉昌，可以为人带来好运和财气，学生会学业有成，职场之人会得到更多的升迁与加薪的机会，生意人会有不断的财源。

↑金星山与居所的距离越近，能够发挥的作用也就越大，但千万不可将居所就建在山脚之下。

山外有山

←山之外还有山，这些山在风水学的术语里不叫山，而叫"朝案"。离居所较远、形体较大的山称为"朝"，也叫"朝山"；离居所较近、形体较小的山称为"案"，也叫"案山"。

↑山离居所越近，对居所的风水影响越大。

背靠廉贞山：不吉

→靠山并不都是能给人带来好运的，如果山形峥嵘、怪石嶙峋，就是凶相，称为"廉贞山"，无论对事业还是健康都是不利的。风水之道在于聚生气，要以生生不息、欣欣向荣之相来调和环境，在完美平衡之中求得生机的盎然。而廉贞山的形态违背了这一原理，正是生气不聚之相。

屋造四字样，发秀食天相

→"四字样"，就是屋子方正如"四"字形；"发秀食天相"，指的是子孙中会出贤能之人。

开运风水吉祥物

如意翡翠

翡翠在矿物学上称硬玉，为一种辉石类矿物集合体。翡翠一般呈致密块状，变斑晶到纤维状结构，在光线照射下具星点状或片状闪光，俗称翠性。如意翡翠最大直径约5厘米，为天然缅甸翡翠，经开光道教文化特殊处理。

宜 上班族宜戴如意翡翠

如意翡翠吉祥如意，能够带来财气和财运，并且"元宝举手可得"。上班族可随身佩戴。

忌 学生忌戴如意翡翠

一般来说，学生不适合使用如意翡翠等招财类摆件和饰物。

方形主贵

←风水中，方形一直被视为是大富大贵的象征。很多小别墅都建成了方形，一看就是敦实的象征，其抗震能力也会更强一些，可给人带来安全感。

↑庭院宜种植四季常青的松柏。

屋造"太阳星"主富贵

←所谓的"太阳星"，也就是内圆外方的建筑，意指建筑基地四四方方，建筑上方稍凸出一些形状，像是太阳的光芒往外射。这种房子主富贵，住在里面的人也能享有相当的社会地位。

↑水为财，波浪形的围墙墙形为吉。

屋造稼穑土，积财又积谷

↓面积较宽、纵深稍微浅一点的房屋属于土型屋。这样的房屋有助于增加不动产，但不会促进功名。

屋后不宜为虚

↓如果房子是建在坡上的话，最好依着坡势而建，这样房后就有靠。反之，屋后不但没有靠，反而如同悬在空中般。屋后为虚的房子，象征着家里没有靠山、家底不牢，不吉。

开运风水吉祥物

黄金球

黄金球实为黄水晶，硬度为七，极为稀有，以橘黄色的为上品。其能量的震动频率会影响人类的太阳穴神经丛，属理智体，主财运，可创造意外之财。黄金球的最大直径约10厘米，为合成水晶，含有大量的水晶成分，经开光道教文化特殊处理。

宜 招财宜用黄金球

黄金球意为"招财之晶"，主财富，能够招来财运，是快速招财的宝石之一。希望招财、致富、开运的人士宜摆放。

忌 学生忌使用黄金球

学生要以学习为主，而黄金球是招财的吉祥物，处于读书期的学生不适合使用，以免分散注意力，影响学习成绩。

建筑如官帽，享高位盛名 🪷

← "官帽屋"是两边低中央高，形如宋代官帽的房子。或者建筑物的前方稍微低一两层，后面则高起，这也是官帽屋，其外形就像明代官帽。住官帽屋，事业会稳定，可享高位与盛名。

↑围墙下实上虚，既能划出别墅的私属空间，又能拓展别墅的视野。

住得太高，惹人嫉妒易中风 🪷

← 不少别墅因为建筑设计的不当，盖成了地凸，这样的房子容易导致屋主得痰疾。因为地凸的风势很大，住久容易中风，气管或呼吸道常有毛病。住在这样的地方也容易惹人嫉妒。

↑阳台的方位以朝向东方或南方为佳。窗户不能开得太小，否则住在屋里的人会感觉很压抑和烦闷。

前朱雀后玄武 ✿

↓风水格局很重视"前有朱雀，后有玄武"，其实不过是指住宅前面要有宽阔的空间，背后要有靠山。"前朱雀后玄武"的格局说白了就是一个动静结合。背后有靠山，让你坐得稳固，那是静；而在门前明堂，无论是人的自由活动，还是气运的进出、游走，那都是一种动。动静结合才能有好的宅运。

左青龙右白虎 ✿

↓青龙主阳，白虎主阴，这条风水原则也可以翻译成"男左女右"，谈的是一个阴阳平衡的道理。以住宅来说，左边的青龙可能是楼宇，可能是山丘，也有可能是几间厢房；右边的白虎，则可以是树林或者水流。

开运风水吉祥物

紫色宝鼎

紫色宝鼎最大直径约24厘米，为合成水晶，有相当分量的水晶成分，经开光道教文化特殊处理。紫色宝鼎意为"紫气东来"，有强大的催财作用，对事业、财运不顺者有很大的帮助。

宜 脑力劳动者宜使用紫色宝鼎

脑力劳动者使用紫色宝鼎有很好的积极作用，如IT行业从业者、作家、科学家、学生。因为本吉祥物双球成鼎，可使能量倍增，提高工作效率。

忌 水产行业忌置紫色宝鼎

紫色宝鼎宜在对使用者的八字和五行进行分析后，有选择性地摆放。但水产行业、海鲜经营类行业不适合放置此吉祥物，否则会有冲克。

呼吸新鲜空气，保全家幸福安康

←当把车库设在住宅首层或者住宅附近时，可在车库周围种多种树木，以吸收汽车排出的废气、净化空气、保护环境，让全家人每天都能呼吸到新鲜自然的空气，从而保证家人身体的安康。

↑楼梯有向上蜿蜒的趋势，让人一眼看不到它的尽头，象征步步高升。

窗户造型最好统一

← 窗户造型过于花哨，或有许多不同形状、不同规格的窗户，不但让人眼花缭乱，还会使房屋失去平衡，缺少稳定性。而且，窗户形状越多，五行相克的机会越大，为住宅风水之大忌。建议选择一种形状，且规格统一的窗户为好。

↑斜坡种植草木，不仅美观而且有助于防止水土流失。

风水池塘与住宅的运势 ✿

→在风水理论中，水贵弯曲有情，忌直射冲击。水体是自然而亲切的，对于提升家宅运有裨益。私人住宅附近的池塘必须离房子十八米以上，在住宅的东南方位上最好。如果不讲距离，只论形状的话，较好的是半月形池塘，屋前有此塘则主钱谷丰盈。

落地窗应加窗帘 ✿

→家居中的大型落地窗，夏天会导致过多的阳光和热量进入室内，冬天又会使室内的热气迅速流失，都应加装窗帘。

开运风水吉祥物

聚宝盆手链

聚宝盆手链每颗最大直径约12毫米，为天然的水晶珠，经开光道教文化特殊处理。聚宝盆手链可强力聚财，能带来很好的财运，是生意场上不可或缺的吉祥物。

宜 招财宜戴聚宝盆手链

聚宝盆手链能量强大、能强化个人的体能及潜能、增强胆识、加强一个人的信心及决断力，带给人勇气和积极的进取心，令人显示出权威，有助于领导人命令的贯彻与执行。

忌 学生忌戴聚宝盆手链

一般来说，处于读书期的学生不适合使用聚宝盆手链类招财饰品。

住宅与盖围墙 ✿

→一定要把房子盖好再盖围墙，这样家里才能平安。只有监狱才会先把围墙盖起来，不让犯人逃跑。倘若住宅也照监狱的盖法，家人就会经常生病、厄运不断。若从另一个角度来看这件事，盖房子时，卡车载着材料在工地上进进出出，如果先盖好围墙，那么卡车进出就很不方便，很容易发生意外。

↑围墙的形状、高矮、材质等都与家宅运势体戚相关。

↑台阶象征步步高升。家庭中有人为官的话，台阶的设计就要特别重视。

万物皆有气 ✿

→在风水中，宇宙、地球、空间的场气为大场气。大场气来自虚处，止于实处。阳宅建筑多选在类似盆地、半盆地中，这种地理环境水土肥美，利于接纳大场气，因而适合居住。植物、建筑、人体是小场气。现代科学已初步察证，人体有场气，植物有场气，建筑物有场气，万物之间皆有场气。

↑围墙大门开在屋侧，有利于住宅的藏风聚气。

↑草地和树木也有场气。

窗户的设置要注意私密性 ❀

→透明的玻璃帷幕建筑缺乏私密性，同时玻璃也不聚气，能量容易散发出去。居住在四面透明的房间里，不利于祈求平安健康，化解方法就是挂上可以遮挡的窗帘。

门上宜贴喜庆对联 ❀

→对联是中国传统的祈福方式，在门上贴上祈福、喜庆的对联，在车库门上贴上"出入平安"、"福"字等，既能表达人们的美好愿望，又能透出吉祥之气。

开运风水吉祥物

开光元宝

开光元宝的最大高度约6厘米，为精致铜器，经佛家高僧开光处理。

宜 商业空间宜使用开光元宝

开光元宝为佛家常用聚财法器之一，宜摆放在财神、如来、观音等神像旁边。一般建议餐馆、商店、商场使用，数量以4只或8只为好。

忌 居家空间忌使用开光元宝

有一些人在家里摆放开光元宝，效果并不太好，反而带来了不好的运势，因此家里不太适合摆放开光元宝。

房屋不宜开两扇大门

↓一栋房屋最好只开一扇大门，或者开一扇主门、一扇次门。倘若开两扇一样大小的门的话，就不吉利，容易导致家庭内部纷争、长幼不分，夫妻间还容易出现第三者。

安全最重要 ✿

→当屋外没有平坦的明堂时，可以设置一些护栏。护栏有一个重要的功能，那就是保障安全。当房子外面有沟渠时，也最好安装护栏。否则一出门就险象环生，好运怎么会光顾呢。

房子的大小与后山要和谐 ✿

→如果房子有后山，那么房子的大小还要考虑与后山是否和谐。如果附近山势高大而建筑却娇小，则属与周遭环境不和谐；如果后山不是很高但房子却很高大，就形成"后山没有靠"。

开运风水吉祥物

开光招财杯

开光招财杯最大高度约6厘米，为精致铜器，经佛家高僧开光处理。

宜 神像前宜置开光招财杯

开光招财杯是佛家常用聚财法器之一，宜放在财神、如来、观音神像前。建议餐馆、商店、商场使用，以5只为好。

忌 居家空间忌置开光招财杯

开光招财杯适合商业空间使用，招财效果甚佳，但如果居家空间使用，效果则并不理想，反而会带来不好的运势，建议家里不要摆放。

房子旁边不宜加盖小屋 ❧

→车库之类的小房一定要跟整个房子和谐统一，如果是盖好房子后再在旁边加盖小房，会使整个房子像一个人拄着一支拐杖一样，这样的格局很不吉利。

玻璃帷幕 ❧

→很多住宅的格局，建筑师以"奇"取胜，可是这个"奇"却造成了城市的污染、整个建筑环境的污染。例如现在最流行的"玻璃帷幕"的概念，玻璃帷幕会造成太阳光、电磁波、自然的声波和人的吵闹声折射，会对人体产生很大的影响。所以在都市建筑里，玻璃帷幕并非适合自然环境的建筑材料。当然，为了采光使用窗户、玻璃这是可以的，可是整栋建筑物都采用玻璃，则值得再考虑。

↑独栋别墅用太多玻璃不易保护隐私。

桥与住宅 ❀

↓ "小桥、流水、人家"曾给人无限美好的想象，不过，在风水学上，桥却是不吉利的象征。大门对桥或是在桥边建屋，都是不吉利的。

开运风水吉祥物

财源广进

　　财源广进的最大高度约18厘米，为精致摆件，是助财运的笔筒，经开光道教文化特殊处理。

宜 收银台宜置"财源广进"

　　"财源广进"是一款寓意非常好的笔筒，有很高的文化品位，能够招来好运，并带来财运。可将其安放在办公桌、书桌、收银台、会计桌上，最适合收银台摆放，经商人士使用效果尤佳。

忌 学生忌置"财源广进"

　　学生的书房不适合摆放"财源广进"，否则会带来不好的运势。

第四节

北美风情

　　在哥伦布发现了新大陆之后，欧洲人从那里带走财富的同时，也迁入了不少人口，传入了各种文化。今天你想要找出真正纯正的"北美风情"只是徒劳，因为在这里本土的东西已经被消灭了，工业化与现代化加速了城市的发展，特殊的移民背景、多种文化的融合使得这里的建筑风格成了民族大杂烩。当商业摩天大楼每天吞吐着大量人群时，美国现代住宅小区则是另一番安宁景象。这些住宅多是矮矮的单层或两三层小楼，建筑形式受历史传统影响有科德角式、西班牙式、维多利亚式及现代式等，如果实在要挑出一个美国本土风格，那只有算上中西部牧场风情的草原风格了。幢幢小楼呈现出不同的建筑风貌和特色，但有一个相同的特点，即舒适、温馨，这大概与美国人兼收并蓄与乐观的天性有关。

　　正如古代英国法律所描述的一样：一个男人的家就是他的城堡。别墅保障了家庭的神圣不可侵犯性和完整性，置身于别墅中人们可以感受到那份与世隔绝的安全。美国人既注重隐私又喜欢社交，一到周末，他们也喜欢和家人或邻里开开聚会，完全独立的房子是不受欢迎的。因此，北美风格别墅的户外环境很开放也很自然，小花坛里的花并不名贵，随意地在屋檐下挂盆吊兰，或是星星点点地把花籽撒得遍地都是。在美国人眼里，花草名贵与否与生活质量的好坏无关，只求增添生活情趣。正是对生活情趣的追求，此种别墅更重建筑的居住功能而轻风格特征，怎么舒服怎么住。房子的材料多是木材与石材等天然材料，大量木材的使用与当地很高的植被覆盖率有关。

　　用"以人为本"来形容北美风格别墅最恰当不过，它吸纳世界各种文化并依据自身情况加以改良，打造出一个适合居住的空间，可谓别墅中集大成者也。也正因为这种处处为人着想的体贴，北美风情的概念一经引进中国就刮起一阵旋风。

　　不过，任何一种国外设计理念的引进，都不能单纯地生搬硬套。只有和中国本土文化充分结合，才能让住宅在充满美感的同时兼具祥和之气。而风水文化，无疑是最具中国特色的建筑文化的一种。接下来，就让我们在欣赏这些具有浓郁北美风情的别墅外观的同时，再从风水的角度来对其吉凶进行一番评析吧。

建筑应考虑气候问题 ✿

↓建筑除了要考虑外观、环境等问题外，还要考虑地区的气候问题。如我国西北方适合住窑洞，而东北的话，瓦和墙都要很厚，以防大雪压顶。

别墅最重要的一点在于"别"字 ✿

↓并不是所有的独栋小楼都可以被称为"别墅"，别墅最重要的一点在于这个"别"。"别"代表着外表的别致新颖，也表示地理上跟一般住所有所不同。这个"别"字是相对普通家宅而言的，别墅必须具备的第一重要元素就是其地理位置最好位于郊区，但是又不能离市区太远，以免使生活和工作环境脱离。

开运风水吉祥物

纳福一桶金

纳福一桶金的最大直径约22厘米，为精致摆件，经开光道教文化特殊处理。

宜 收银台、前台宜置纳福一桶金

纳福一桶金可在商业公司、宾馆、商店等营利性企业的开门处摆放，也比较适合放于收银台、钱柜附近，可招财进宝。

忌 学生卧室和书房忌置纳福一桶金

学生卧室和书房内不适合摆放纳福一桶金，不但没什么积极效果，反而会带来不好的运势。

明堂形状不方正，会造成家庭不合

←明堂形状不方正，呈现多角形、平行四边形，甚至不规则的多边形的话，这一家的人就会心机较重、个性狡猾，家中还会出些不孝子，忤逆父母，造成家庭不合。

↑明堂前高后低，不利发展。

明堂四吉象之"坦"

←好风水的明堂可用四个字来说明：坦、夷、高、广。"坦"就是地面要平整。倘若明堂地面有高有低，就代表居住者前路崎岖。

↑大窗最好正对弯曲的马路，这就是所谓难得一见的"九曲水"。有了"九曲水"，住宅被水环抱，运气不致流散，还会使好运连连，能保后人富贵。

明堂四吉象之 "夷" "高" "广"

↓前面说过好风水的明堂可用四个字来说明：坦、夷、高、广。"夷"，就是明堂要明亮，不能被树荫遮住光线或者被高楼挡住光线。

↑ "高"，就是说明堂要比屋前马路高一点，但也不能落差太大。地势高才不会积水，但地势太高，就会形成天冲，招人嫉妒。

↑ "广"，就是明堂要宽广，胸襟才会宽广。不过也不能一望无际，要稍加遮掩为宜。

开运风水吉祥物

吐钱玉蟾

吐钱玉蟾并非普通的蟾蜍，它只有三条腿，与其他四条腿的蟾蜍不同的是它会吐钱。

宜 商铺招财宜置吐钱玉蟾

吐钱玉蟾一般可摆放在商铺或公司里，通常放置于前台的左边，头朝内摆放，能带来喜庆和财运。

忌 吐钱玉蟾头忌朝向门外

商铺摆放蟾蜍，要头朝向铺内，不宜向铺门，否则所吐之钱皆流向屋外。同时头也不宜朝向窗。

出门下台阶意味着退财 ✿

←风水中把路称为水。如果出门要下几级阶梯才到路上,这就叫"卷帘水"。水代表财,有台阶挡着水,那就代表退财,会阻挡财运的。听起来很吓人,但事实上,不让人发财并不是它的目的,它只是要让人了解一个很重要的道理。为什么这种格局会"退财"呢?原来它背后有这样一个道理:不该得到的财应该放弃。说白了,还是那句古话:"君子爱财,取之有道。"你不愿意住在低的地方,说明你不是什么钱都想赚,这就是做人的原则和操守。这不是坏事,当然应该守住。

围墙左右高低,家道崎岖 ✿

←围墙的高度要一致,或者由后往前渐次变低矮。一道围墙从屋后绕到屋前,高度要平滑地降下,千万不要忽高忽低、参差不齐,这样会导致家道崎岖。

↑房屋前高后低为退财格局,不吉。

房子的中心不宜外露 ❀

↓中心不露的真实含义来自于儒家的中庸之道，即要守中，守住中心的位置，不可以极端。如果房子将中心都露在了外面，还怎么守？这房子就是失重的，这种格局对人的影响就是使人性格容易偏颇，时间长了，怎么能找到生活的和谐？

↑车库建在房子旁边，车子就不会直冲大门而来。

↑庭院中的道路蜿蜒向大门，是守住房屋中心的一个重要原则。

开运风水吉祥物

年年有余玉佩

"鱼"与"余"谐音，所以鱼象征着富贵。鱼跟雁一样，可作为书信的代名词。古人为秘传信息，在绢帛上写信而装在鱼腹中，这样的以鱼传信称为"鱼传尺素"。唐宋时，达官显贵皆身佩以镀金制作的信符，称为"鱼符"，以明贵贱。

宜 保平安富贵宜戴年年有余玉佩

玉有辟邪、保平安之功效，适宜个人佩戴，可保平安、富贵。财务工作者、业务人员、生意人佩戴玉效果最佳，有旺财、催财之功效。

忌 红色家具上忌挂玉佩

因为玉与红色五行相克，所以一般不建议将玉挂在红色的家具上，否则会令玉失去功能，无法起作用。

植物阴气不会让人得病 ❀

↓有些风水家认为，爬满绿色的墙会为家里增添阴气。事实上，植物的阴气非但不会让人得病，反而还能促进人的健康。绿色是什么?是生命，是天地间生生不息的动力，是最健康的东西，怎么会让人得病呢?

绿墙可平缓情绪 ❀

↓人一看到绿色的围墙，暴躁的情绪还可以平静下来，这非但不是坏事，反而还是好事，最符合养生之道了。动为阳，静为阴，让人安静、宁静，就是阴的含义。人越安静，新陈代谢就越缓慢，衰老得就越慢，寿命也就越长。

绿墙有助和谐 ❀

←经常和绿色打交道，就会得到更多生命的活力，不再觉得处处不满足，反而开始学会欣赏生活中的一切。这样一来，就不那么急躁了，就可以安居了、快乐了、幸福了、宁静了，这样说来绿色的墙也就不是一件坏事了。

↑绿墙是活氧的重要来源。

外墙最好不要用石头来装饰

↓风水上认为房屋的外墙最好不要用石头来装饰。传统的说法认为，石头会聚集阴气，而阴气久积不散会让人得病，譬如常见的妇女病、风湿性关节炎等。此外，阴气重的人也会经常遇到一些小麻烦，总之就是各方面都不怎么顺利。

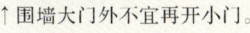

↑围墙大门外不宜再开小门。

↑石墙牢固但风水却不吉祥。

开运风水吉祥物

松竹梅

松树四季长青，象征长寿。"竹"与"祝"同音，喻祝福。"梅"与"眉"同音，暗含"喜上眉梢"之意。

宜 招财宜置松竹梅

松竹梅象征招财，可聚集人气，适宜摆放在店铺的门旁或者收银台上，可以招揽更多的顾客。

忌 松竹梅忌近金属物品

松竹梅最好贴近陶瓷类物品，不适合放在金属类物品上，并且不适合放于红色桌面上。

汽车风水要重视 ❀

↓汽车风水问题已经凸显在我们面前，越来越多的世人开始相信中国传统的风水理念。的确，风水其实离我们很近，它就在我们每一个人的身边。我们对自己的汽车应当就像对自己的屋宅一样，建车库强调藏风纳气，这样才会风生水起好运来。

↑围墙大门外另开小门会使家人钩心斗角，各自为政，使家庭缺乏向心力。

↑一般住宅都会选择朝东的窗户，这样阳气充沛、寓意吉祥。

↑朝北的窗不利于居住者的健康，因为北方在风水五行上属于阴水，朝北开窗易使阴煞进入。

房屋忌道路直冲

↓如果一条道路朝房屋直冲过来，就会形成路煞。从视角上看，车辆、行人都笔直朝向自己的家门而来，会造成家人心理恐慌不安。这种格局还是事故易发之地，不安全。如地理条件许可，可在门前种植环形的常青树（冬青树）丛，加以化解。

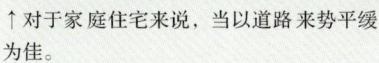

↑对于家庭住宅来说，当以道路来势平缓为佳。

↑阳光普照的绿色庭院，能给主人带来好运和健康。

开运风水吉祥物

红色和黄色穗坠

在风水上使用不同颜色的穗坠能够召唤幸福、招来财运，在家中悬吊红色和黄色穗坠就是一种简单易行的开运手法。

宜 红色与黄色穗坠宜按方位放置

红色是与东方相符合的颜色，将红色穗坠吊在房间东侧，可使房间的能量活化，使人身心健康；黄色是可提高西侧方位财运的基本颜色，将黄色穗坠吊在西侧可以使财气聚集，从而提升财运。

忌 红色和黄色穗坠忌与白色物品放在一起

红色和黄色穗坠不可与白色物品放在一起，否则起不到应有的作用。

爱车停放莫随便

↓不少朋友买车时非常慎重，买车后由于客观原因，爱车停放就随意多了，哪里有空停哪里，哪里能钻钻哪里。其实，从风水角度看这是很不好的，不仅仅是对爱车不尊重，导致"你不爱车，车不爱你"现象发生，更重要的是天长日久会导致自己运势的下降。

庭院宜适当铺设石块

↓石块本来是庭院中的点缀品，在庭院中适当铺设一些石块，对增添庭院的景致有很大作用。庭院中适当铺设山石，或是铺卵石路，可以增加自然气息。但石块如果数量过多、形状怪异，会使住宅成为衰败寂寥的地方，对主人不吉利。

选宅还要看周边的人文环境

↓别墅中主人享用的私人空间虽然比一般住宅大，但也并非表示与世隔绝。当你选择了自然环境后，还得看看周围的人文环境。居住地带的风俗、民情、文化氛围等都能对家人的生活产生很大的影响。

房子的外形不能太怪异

↓别墅的外形也比一般房子有更多的选择。但是，建筑也不要盖得奇形怪状。从风水的角度看，凡是搞怪的房子都不好，如缺角的房子，或者形状极其不周正的房子、形状如拐杖或墓碑等不吉利形状的房子等。

围墙合适的高度 ✦

↓围墙不能太高，最高勿高到成人摸不到的地方。否则深宅大院，给人一种阴深、透不过气来的感觉，会影响屋主的视野和心情。围墙太矮也不行，最低不能低于成人的肚脐。如果庭院很大，墙却低到人的肚脐以下，墙壁不但起不到屏障的作用，外人也很容易跳进围墙内，让家人一点安全感都没有。

前后宅的距离要合适 ✦

↓从风水的角度看，宅与宅之间最好不要太近，太近的话很容易产生煞气。不过，在寸土寸金的今天，不可能完全按照这个原则来。从日照的角度看，前后宅之间的距离以前宅的阴影不到达后宅为宜。否则，后宅就会生活在前宅的阴影中，居住者运势也会受到影响。

开运风水吉祥物

金色的龙、三色的龙、茶色的龙

各种颜色的龙，因外形小巧玲珑，故可以轻松随意地装饰在家庭和办公场所里。

宜 增强气场能量宜置三条龙

金色的龙、三色的龙、茶色的龙主要是可以增强气场能量，能够为主人带来好运和财运，同时龙也有避小人的作用。

忌 属狗者忌置龙饰品

金色的龙、三色的龙、茶色的龙可令人轻松地从龙身上获得能量，但属狗者不可使用。

选择符合自己命卦的房子 ✤

↓一般来讲,只要住进符合风水格局的吉宅都不会有太大的问题,但这并不代表住宅对人的助力就能完全发挥,因为每个人的命卦不同,适合的房子也都不一样。如果想要找一间让自己富贵的住宅,最好还是选与自己命卦相符的房子来居住,才能真正达到事半功倍的效果。

慎重选择房子与马路方位 ✤

↓马路的两面都有房子,选择马路哪一面的房子呢?马路除了会影响到房子的坐山立向以外,还可能会影响到房子的气运,不可不慎重。仔细观察一下,不难看出马路两边房子的兴衰状况。

选择符合住宅风水学的吉宅 ✤

←住宅学或风水学当中所谓的良宅,不但住宅本身的建筑主体没有问题(格局方正、没有任何缺角和损坏),而且住宅周遭的环境也不会对住宅产生不良的影响(没有任何冲煞),甚至还有能够帮助住宅兴旺的好风好水,这样的房子就可以称得上是好房子。

↑当住宅四周有医院、公厕等不吉建筑时,可在门口点一盏长明灯以消除晦气。

相地如相人

↓风水中有一句话叫做"相地如相人"。也许你并不懂风水，但是你却能从感官上初步判断一所房屋的吉凶。就像你看人一样，对于一些你并不了解的人，你可以通过其长相、举止初步判断其善恶。如果一栋房屋让你从感官上觉得喜悦，那么这栋房子多半是吉祥的。

↑房屋近处的植物是房屋风水的一个重要风向标。

↑住宅周围的环境是判断住宅风水不容忽视的部分。

开运风水吉祥物

金饭碗

我们常说的"铁饭碗"是形容一份稳定的工作和固定的收入。金饭碗象征招财、工作稳定、衣食无忧。

宜 职场人士宜使用"金饭碗"

"金饭碗"里盛满金元宝，寓意吉祥，适合职场人士使用，可以保工作稳定，收入平稳上升。

忌 "金饭碗"忌置右边

"金饭碗"宜摆放在左边，左边属于喜庆吉祥位置，右边属凶位，所以不要将其放在右边，以免引起不好的冲煞。

寻找住宅的生气 🌸

↓气是风水中的关键因素，风水学的宗旨就是寻找生气。气具有很大的包容性，既可以表示物质存在，也反映着心理感受，有时为吉，有时为凶。这需要具体情况具体分析，采取相应对策妥善处理，从而趋全避缺、趋吉避凶，使住宅环境风水臻于完美。

↑植物是提升房屋生气的一个重要因素。

↑吉祥的植物能带来吉祥的气。

噪音大的地方不宜建别墅 ❁

↓无论是特别讲究住宅环境的别墅，还是一般的住宅，都要确保拥有一个宁静的外部环境。一些噪音特别多、特别大的地方，如立交桥旁、交叉的大道旁、高压电塔旁以及加油站旁等，都不宜居住。

↑植物能调整人的情绪，当你心情不好时，可以观赏一些鲜艳的、色彩浓烈的花卉，会使你心情愉快。

↑讲究植物风水布局，目的在于打造一个舒适、美观的和谐人居环境。

开运风水吉祥物

一路荣华

本吉祥物由芙蓉与鹭组成，意为"一路荣华"。芙蓉花亦称木芙蓉，"蓉"与"荣"同音，"花"与"华"古时通用，"鹭"为白鹭，与"路"同音。

宜 求富贵宜置"一路荣华"

"一路荣华"象征永远荣华、富贵，适合摆放在办公场所或商业店铺内。"一路荣华"寓意将交上好运，荣华富贵享之不尽。

忌 "一路荣华"忌与金属放在一起

"一路荣华"最好与陶瓷、木制品放在一起，不适合与金属类物品放在一起，并且不适合与红色物品一起使用。

藏风聚气必须具备的三个基本条件 ✿

↓能够藏风聚气的好住宅必须具备三个基本条件：一是环境位置好，要依山傍水；二是建设格局好，没有风水忌讳；三是有气势、气派。

↑当四周空旷时，植物是藏风聚气的最佳道具。　　↑使用环保的材料筑房，能让你的生活更舒心。　　↑房前的道路与房屋运势紧密相连。　　↑不同色彩的植物能带来不同的运势，也能装点庭院。

住宅应宁静祥和 ❀

↓别墅的主人大多是事业成功的人，大多追求别墅本身的宁静祥和。别墅外形上的不张扬跋扈、环境的迷人优雅、邻居的安静友好，这些都是好风水别墅不可缺少的因素。

↑宁静祥和的住宅能使人身心俱轻松，有助于家庭的安定和团结。倘若生活在终日嘈杂的环境中，人很容易变得焦躁易怒，与人相处会特别容易产生矛盾。

开运风水吉祥物

一帆风顺

一帆风顺最大高度约19厘米，为精致摆件，经开光道教文化特殊处理。适宜安放在办公桌、书桌、接待室、会议室等处，既美观大方，又有利于加强财运。

宜 流通类公司宜置"一帆风顺"

"一帆风顺"主要用于交通运输及航海航空等部门和行业。专业人士强力推荐流通类公司放置于会议室，尤其是在接待室摆放最为适宜。

忌 "一帆风顺"忌置右边

建议将"一帆风顺"摆放在左边，左边属于喜庆吉祥位置，右边是比较凶的位置，放在右边会有不利的冲煞。

树干被寄生，家风易变淫邪 ❀

↓树干被寄生其他植物是很不好的。从外观上来看，树干长满寄生植物，尤其是藤蔓植物，会给人一种牵扯不清的感觉，很不清爽。从风水上来讲，树干被寄生容易导致家庭成员关系，尤其是男女关系变得复杂、紊乱、纠缠不清。化解的办法就是及时地清理掉那些寄生的植物，让树干随时保持干净、整洁。

门前不可有枯树 ❀

↓门前千万不能有枯树。门前有枯树，不管是倒地的还是直立于地上的，都会影响到家人的健康和情绪，尤其对老年人影响很大。门前有枯树的地方应该重新种植树木。

房屋也讲究形象与格调 ❀

↓一套房屋也有它的形象，如它的外形以及格调是否有型等。房屋的形象与格调影响着这套住宅的通风、采光、纳气、排污等，进而也对住宅主人的生活、事业以及健康等产生影响。一套让人身心都感觉好的房屋，其形格一定要搭配得当，要清爽宜人、开敞明朗。

栽种吉祥花卉 ❀

↓鲜花的作用不容小觑，但也不是所有的鲜花都适宜在庭院栽种。像郁金香、夜来香以及松柏类等含有有害人体的毒素的花卉，最好不要栽种。另外，鲜花枯萎很不吉利，因此栽种的鲜花要生命力强、易打理。

花园住宅，绿色心情

↓花和草是大自然赠予人类的礼物，它们不但能让人心情舒畅，而且也能促进人体的健康。所以，不妨在住宅周围种满花草吧。

↑夹竹桃不仅花期长，而且还有抗烟雾、抗灰尘、抗毒物、净化空气、保护环境的能力，很适合在庭院种植。

↑为什么夹竹桃有毒却也建议种植呢？因为人们种植花卉的目的主要是观赏，而不是食用，所以只要不吃和过分亲密接触这些有毒植物，就不会对人体造成伤害。

开运风水吉祥物

苏武牧羊

苏武奉汉武帝之命出使匈奴被扣留，他坚贞不屈，曾被放逐到冰天雪地的北海。其因坚持不懈的精神而受到世人的尊敬。

宜 提升意志力宜置"苏武牧羊"

"苏武牧羊"宜放置于办公室或商业场所内，象征坚贞不屈，可以提升办事人员的意志力，使其最终获得成功。

忌 "苏武牧羊"忌置右边

建议将"苏武牧羊"摆放在左边，因左边属于喜庆吉祥的位置。右边是比较凶的方位，不要放在右边，以免引起不良的冲煞。

缤纷色彩，缤纷心情

←植物孤阴不生、孤阳不长，所以最好将不同的花草树木混合种植。从视觉上看，房子四周缤纷一片，也能给主人带来缤纷的心情呢。

↑红色代表喜庆、热烈，五行属火，在房前栽种红花，能让人心情振奋。

枯萎的花有负面影响

←枯萎凋谢的花朵会有负面的影响，因此，在栽培花草时，必须每天勤于换水并栽剪花茎，使其生命力持久。同时要注意的是，在家居的风水布局里最好不使用干花，因为其象征死亡和没落。

↑正对门窗处宜栽种矮小植物，高大的植物宜栽种在房侧。

鲜花能给家居增添活力和能量

↓鲜花也能给家居增添活力和能量，不同于植物的是，它们以特别活跃的形式给房间带来缤纷的色彩。如果得到精心的栽培和照料，鲜花就会具有强烈的风水效应，其色泽与外形会影响住宅的气能。

↑植物也分阴阳五行，所以种植之前最好先了解各种植物的阴阳五行属性。

↑月季、芙蓉等芳香而不含毒素的鲜花非常适合种植在庭院中。

开运风水吉祥物

吉祥猴

古时人们普遍认为猴为吉祥物。由于"猴"与"侯"谐音，在许多图画中，猴的形象有着"封侯"的意思。如一只猴子爬在枫树上挂印，取"封侯挂印"之意；一只猴子骑在马背上，取"马上封侯"之意；两只猴子坐在一棵松树上，或一只猴子骑在另一只猴的背上，取"辈辈封侯"之意。

宜 催官运宜置吉祥猴

吉祥猴象征吉祥、高升，将吉祥猴摆在适当的位置，能带来吉祥和运气。另外，齐天大圣亦为猴圣，有斩妖、除魔之神效。

忌 肖猪、虎、蛇者忌置吉祥猴

从生肖的属性生克来看，生肖为猪、虎、蛇的人与猴相冲，所以这三个属相的人不适合摆放吉祥猴。

木色木香，本色天然

↓风水一向讲究人与自然的和谐。木质房子是人类最初的家园，如今它成了人类回归自然的桥梁。住在木质的房子里，人们似乎能闻到树木的芬芳、森林的气息。

↑风水似乎有很多原则，其实万变不离其宗，那就是天人合一。当你选择房子时，首先要看的就是这栋房子能否与周围环境完美融合。

↑叶片大的植物招财。而且叶片大，进行光和作用的面积越大，制造的活氧越多。

红砖灰瓦，平和内敛 ❀

↓红砖灰瓦的别墅，原始的材料、简单的搭配，能给人一种平和内敛的感觉。别墅的主人们大多见惯繁华喧嚣，如果能保持平和内敛，这会有助于从现有的成功走向更大的成功。

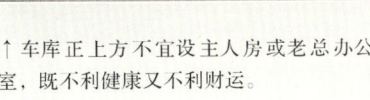

↑车库正上方不宜设主人房或老总办公室，既不利健康又不利财运。

↑当住宅与邻宅分属不同建筑风格时，植物是很好的过渡带。

开运风水吉祥物

鲁班尺

　　鲁班尺为建造房屋时所使用的测量工具，类似现在工匠所用的曲尺。鲁班尺相传为春秋鲁国公鲁班所作，后经风水界加入八个字，用以丈量屋宅吉凶，并称之为"门公尺"。这八个字分别是"财""病""离""义""官""劫""害""本"。在每一个字底下，又区分为四个小字，来区分其吉凶意义。

宜 求升职宜置鲁班尺

　　鲁班尺是一种风水测量工具，还有助升职之功效，上班族宜使用。

忌 鲁班尺忌置阴暗之地

　　鲁班尺不要在阴暗的地方摆放或保存，会招阴湿之气的侵扰，致使效用全无。

红砖灰瓦，清新淡雅 🪷

←红砖灰瓦是郊区别墅的主调。这是别墅主人的选择，也是环境使然。在宁静优雅的郊区，任何流光溢彩都显得俗气，反倒是朴素的红砖灰瓦散发出清新淡雅的味道，同时也折射出别墅主人的洒脱、淡然。

↑百叶帘不但能阻挡猛烈的阳光，还能为居室留下足够舒适的自然光。

窗台下宜种植花草 🪷

←窗台下宜种植花草。这样，主人一开窗就可以看到鲜艳美丽的花草，闻到它们散发出来的清香，对愉悦心情是大有裨益的。

↑如果窗户是向内开的，可在窗户下摆放盆景或音响，加强这个区域的能量。

选住宅也要看眼缘 ❀

↓有的住宅让人一眼看去就心生安逸舒适之感。这样的住宅前有明堂财气，后有文昌官气，吉利祥和。所以，当你选住宅时，请千万不要忽视自己的第一感觉。

↑结合玄空飞星吉凶来论，车库宜在山星二黑、一白、六白、七赤、八白之方，忌在九紫、五黄之位。

↑黄色属土，土生金，特别适合金型住宅。

开运风水吉祥物

旺财狗

传说阴山有天狗，状如狸，白首。秦襄公时，有天狗曾来到白鹿原的狗枷堡，凡是有贼出现，天狗就大吠护堡，整个狗枷堡因此平安无事。如果是一只狗跟着你跑，或是一只狗突然来到你家而不走开，这都是吉祥的兆头，表示会有财运。

宜 招财宜置旺财狗

有一句俗语说："狗来富。"在门入口的附近可以摆放旺财狗，面朝外放置，把守门口。特别适宜在不能养狗的公寓或商业住宅的门口放置。

忌 玄关忌摆旺财狗

玄关不能放置旺财狗，因为"狗"具有变化的象征意义，所以不适合置于"气"的入口。如果进入的旺盛之气与狗相撞，则很容易引起家庭困扰。

窗台视野宜开阔

←窗户是住宅的呼吸之道，它和门一样，是吸收阳光和空气的地方。窗也是人们开阔视野、内外交流的眼睛。所以要注意庭院的花草不要挡住窗户的视野。

↑露天的桌椅要选择经得起日晒雨淋的材质，要是残败褪色的话就会带来不好的风水。

住宅大窗户宜设计成组合窗

←为了使建筑外形美观，设计师通常会把窗户设计得比较大，但为了避免因窗户大、气散而影响宅运，建议设计成由多块玻璃组合而成的窗户，其收到的装饰效果相同又不会影响宅运。

↑将窗户的窗框和墙壁漆成不同颜色，则可将外部景致明显地纳入窗中，形成一幅天然的风景画，能为居住者带来活力和创造力。

房间的门窗数量要适宜

↓门窗太多会产生很强的气流，而太强的气流不利居住者的健康，并会损及财运，使家庭内部问题层出不穷。因此，应避免在同一面墙设置三个或三个以上的门或窗。

↑窗户最好是向外或向两侧推开，以不干扰到窗户前后的区域为原则。向内开窗户，会使居住者变得胆小、退缩。

开运风水吉祥物

八仙过海

　　八仙是由民间传说中道教的八位仙人所组成的群体，他们是铁拐李、汉钟离、张果老、何仙姑、蓝采荷、吕洞宾、韩湘子、曹国舅。在这八仙当中，男女老幼、富贵贫贱、文庄粗野，各种角色都有。其中，老则张果老，少则蓝采和、韩湘子，将则汉钟离，书生则吕洞宾，贵则曹国舅，病则李铁拐，妇女为何仙姑。从这八仙中，社会上各种各样的人都可以找到自己的影子。八仙均为神仙中的"散仙"，专门惩恶扬善，济世扶贫。民间传说中有许多关于他们的故事，以"八仙庆寿"与"八仙过海"的故事流传最广。

宜 吉祥长寿宜置"八仙过海"

　　八仙是一组最佳组合，八仙所用的物件被称为"暗八仙"，亦称"八宝"。此八宝常入于吉祥图案中，有祝颂长寿的吉祥意义。

忌 "八仙过海"忌置右边

　　建议将"八仙过海"摆放在左边，左边属于喜庆吉祥的位置。一般来讲，右边属凶位，如将"八仙过海"放在此位置，会招来不好的煞气。

车库位于房子正东的风水

↓正东属木、为震卦，表示不安定和躁动，再加上汽车属金，金木相克，容易因急躁而发生交通意外，尤其对家中长子影响最大。可将车库漆成蓝色，或者在车库中央墙上挂一幅以水为主体的画，以起到化解作用。虽然东方车库有不安定的特点，但如果主人的工作需要经常在外跑动，如从事运输、旅游等行业，车库位于东方却十分适合。

↑调治心病，则选用五行中属火的红色植物，如花或叶带红色的木棉、火石榴、红桑等。

↑调治肺部疾病，应选用五行中属金的白色植物，如开白花或叶子白色的植物九里香、白兰等。

↑调治肝部疾病，应选用五行中属木的绿色植物，如绿草等。

车库位于房子西南的风水 🪷

↓西南为坤卦，本身即代表交通和车辆。风水学上将两个同类东西的重合称为"伏吟"，有虚惊、反复不定的意思，车辆长期从这个方位进出，不仅会使男主人有交通意外，工作上出现反复不定的情况，还会使女主人情绪不稳定、易招惹桃花。可在车库墙角放置铜公鸡，达到趋吉避凶的效果。

房子的颜色要注重五行搭配 🪷

↓蓝色、黑色和白色的搭配非常符合五行之道。黑色和蓝色属水，水主深沉宁静；白色属金，金主素洁忧郁。几个色调的感情基调一致，可让人内心变得平静柔和。另外，金生水，这几种颜色搭配，能互相生旺。

开运风水吉祥物

如意观音

观音就是观世音菩萨，是人们普遍崇拜的佛。观音从印度传入中国时为男身，后被中国人改造为女身。按照佛教的观点，佛无所谓男身还是女身，由男变女，正体现了佛无处不在的真谛。佛教认为观世音菩萨大慈大悲，以各种化身救苦救难，有求必应。一般可将其用于催财、转运及保平安，适合家庭或在复杂人事机构工作的人士使用。

 保平安宜摆放如意观音

观音为最具灵感力的菩萨，大慈大悲、救苦救难，保世人平安、万事顺心。如意观音适于摆放在客厅，可以帮助家人避开不如意的事物。

 如意观音忌置污秽之地

如意观音不可常放于卫生间等污秽之地，放置之处也要及时清理，保持良好的卫生，以免亵渎神物。

车库位于房子正南的风水 ❀

←正南属火，为离卦。车库如果在这个方位，易使主人做事有头无尾，并且会对家中中女的学业有影响。开车最好慢一些，并将车库漆成黄色或咖啡色，以土泻火、化解火气。

↑正方形或长方形窗属土型窗。其最佳的位置是住宅的南、西南、西、西北与东北等方位，这可使住宅的外立面产生一种安定、稳重的感觉，并会在家中形成平稳、踏实的氛围。

车库位于房子西北的风水 ❀

←西北代表乾卦，是非常重要的一个方位。如果这个方位建车库，等于房屋西北缺角，会令男主人的事业、社会地位受到影响，会经常外出奔波、劳碌，犯小人。在车库最深处两角安放水晶风水球，并将墙身漆成黄色或咖啡色，可起到化解作用。

↑随着人类对生态环境的日益重视，植物风水的应用也在不断渗入到建筑的建造形态、规模、风格、方位与色彩等方面。

庭院忌长石挡路

↓如果庭院的石头中混有奇异的怪石，如形状像人或像动物的石头，特别是如果大门前的庭院有长石挡路，均会给人的心理造成阴影。从风水学的角度来分析也象征着家运受阻，宜尽快移开。

重视住宅风水，享受优质生活

↓我们说必须重视住宅风水，是因为好的风水可以帮助人在竞争激烈的当代社会环境中，获得一方理想的天地，构建一个平静的港湾；还可以帮助人与环境尽可能地取得高度的和谐，以获得心理上与精神上的平衡。

开运风水吉祥物

西方三圣佛

西方三圣佛为佛教中的南无阿弥陀佛、南无观世音菩萨和南无大势至菩萨。南无阿弥陀佛位居三圣的中间，主要迎接有功德之人去西天极乐世界；南无观世音菩萨救苦救难；南无大势至菩萨主管教化众人积德行善，惩奸除恶。

宜 求智慧宜置西方三圣佛

西方三圣佛都有无量的法力，供奉者能得智慧、避劫难，一般可以将其摆放在书房和客厅。读书的儿童或者是上班族使用都有不错的效果。

忌 西方三圣佛摆放忌过低

西方三圣佛在摆放的高度上至少要超过人的头顶。不可将其摆放得太低，以免亵渎神像。

高大的树不宜离房子太近

↓房子旁边种树固然是好事，但也要讲究方法。一般来说，大树不宜离房子太近，否则大树的树荫会挡住房子的光线，它的根基还会撬动房子的根基，形成树煞，对宅运产生不利影响。

↑屋前的花草以不挡住门窗的视野为宜。

↑如果住宅大窗的前面被树挡住，住在里面的人无法通过大窗开阔视野，这样的格局非常不妥。

↑大树庞大的根基会使房屋根基变得不再结实。

房子也是需要呼吸的 ✿

↓一所房子也是需要呼吸的。都市的房子，一栋栋都是钢筋水泥构造，房屋只能靠门窗来吐故纳新。而处在郊区的独栋别墅，除了门窗，砖瓦等其他材质都可以与外界环境交流，因此，别墅的呼吸是自在畅快的，住在里面的人也会感到轻松自然。

让你的房子舒适自然 ✿

↓减少生活中的波折最简单的办法，就是使你的房子舒适，你要做到让房间里的气能顺畅地流通。如果房子里的气流不通畅，那么你的生活就会多波折。所以房子不能建得太逼仄，门窗大小、数量要合适。

开运风水吉祥物

滴水观音

　　观音像的种类有很多，其中滴水观音可洒福气于人间。观音左手有宝球，右手持宝瓶，喻为"有求必应"，可将福洒向人间，故其为大众供奉最多的菩萨像。

宜 滴水观音宜置公共空间

　　滴水观音象征避灾解难、有求必应、平安吉祥、如意，可以摆放在客厅、办公室、商业场所大堂内等公共空间。

忌 滴水观音忌置于污秽之地

　　滴水观音为圣洁的神物，应注意清洁，不可放于厕所及厨房等污秽之地，以免亵渎神物，使其发挥不了应有的功效。

第五节

乡村风情

　　忙碌、疲惫的现代人开始怀念电影里才有的田园式生活：居住于小木屋，随时都能呼吸到清新的空气，风自由穿越小花园，花园前有一块绿草地，躺着能看见飞鸟和流云，还有一口金色池塘……

　　我们称之为回归，即回归大自然，回归土地的怀抱，回归阳光的怀抱。

　　乡村别墅的兴起就是在城市工业化进程中高度机械化、人们开始认清城市并非理想居住场所的情况下出现的。其是那些资产丰厚的人为了逃避城市典型的非人性化建筑模式带来的压迫感、为了逃避城市中心的高犯罪率、为了逃避浑浊的汽油味、为了逃避光与声的变异，甚至为了体现一种个人主义的一种选择。

　　乡村别墅摒弃了西方建筑的浮华表象，汲取其简朴的精华，讲究居住的舒适度，追求人与自然的统一，因此，它的外形不会高大威严，不会追求每一个细节的精致，但也绝不是简单粗糙，而是一种淳朴与大气。乡村别墅特别讲究采光设计，城市里显得有些奢侈的阳光，在这里可以挥洒屋子的每一个角落。典型的乡村风格代表元素有：给人以温暖感的深红屋顶、让人有家的归属感的栅栏、方便圣诞老人出入的烟囱、适合户外休闲的草地等。

　　回归自然，前提是要尊重自然，而风水之道，就是要让人与自然更好地融合在一起，达到天人合一的完美境界。因此，一座完美的别墅，不但要有完美的设计，更重要的是这些完美的设计能与讲究天人合一的风水之道完美结合。接下来，就让我们在欣赏这些唯美的乡村别墅外观的同时，从风水的角度对它们进行一番评析吧。

房屋宜向阳 ❀

↓但凡风水好的房屋，向阳是必须的条件之一。如果一栋房屋可以享受到充分的阳光，毋庸置疑，家中温暖洋溢。阳光具有杀菌消毒与安定心神的功效，有利于人的身心健康，故向阳的房子也能带来健康。有了健康，好运自然就光顾了。

质朴低栏，温馨港湾 ❀

↓栏杆建成的围墙，能让居住者和经过的路人随时随地可见园中的美景，感觉非常好。其缺点是不够牢固，且在维修方面比较麻烦。

开运风水吉祥物

风水花瓶

用装饰有风水四神图案的风水花瓶来装饰房间，可以起到招徕幸福的作用，不失为一种行之有效而又简单易行的风水手法。

宜 保平安宜用风水花瓶

风水花瓶能保平安。在放置方面，如果是商业场所，应将其放在顾客目所能及的地方；如果是家里，应将其放在家族成员聚集的休息场所。

忌 风水花瓶忌置房间凶位

风水花瓶有四神图案，在摆放时要求比较多，应该按照要求正确安放。切不可将其安放于房间的凶位，以免引起不良的风水问题。

房屋宜藏风聚气

←住宅要藏风聚气。这里所说的"风"，是能让人感到清爽和舒适的柔风，而不是那种呼啸而过的厉风。所以，住宅的明堂要宽敞，但也不能一望无际、无所阻拦。

↑当房屋处于空旷的平原上时，最好在房子的四周种植树木。有了树木的阻挡，吹进房子的风才会柔和。这种弯弯绕绕进入房屋的柔风，才是真正要藏的"风"、要聚的"气"。

住宅应与周围环境相协调

↓家居风水最终追求的目的就是理想的生活环境，即住宅和周围自然环境融为一体。为了达到理想的居家风水效果，住宅应与周围的环境相协调。

屋后不宜为虚

↓如果房子是建在坡上，最好依着坡势而建，这样，房后就有靠。反之，屋后不但没有靠，反而如同悬在空中一般。这种屋后为虚的房子，象征家里没有靠山，家底不牢，不吉。

庭院的植物应讲究搭配

↓植物一般给人以平滑、粗糙、精致、柔软、多刺、有光泽、多绒毛等感觉。进行庭院设计时尽量采用精致混以粗犷、柔软配以粗硬等高对比度的搭配。

开运风水吉祥物

大肚佛

　　大肚佛大腹便便、长耳、笑眼，姿态动人，笑意醉人。大肚能容天下难容之事，佛脸尽笑天下可笑之人，大肚佛象征安乐自在。

宜 大肚佛宜摆放在公共空间

　　大肚佛可摆放在大堂或客厅等公共空间，促进住宅紫气东来，让人心情愉快。

忌 大肚佛摆放忌太低

　　大肚佛的摆放高度一般以高过主人的身高为宜，不可摆放得太低。

在黄土上建房为佳

↓选择一处地方建别墅时，千万别忘了检察地质。在红、黄、白、黑、青五色土壤里，以黄色土壤最佳，古时认为黄色代表人间正气，代表吉利。

↑从现代科学上来看，黄土是河流下游的冲积土壤，代表周围地质为冲积平原。冲击平原较不会有地震或地陷的可能，而且由于周围没有山，所以更不会发生泥石流。在这样的地方建房会很安全。

↑若是更精密地化验土壤，我们会发现，黄土分子里的离子、质子、中子都已中和，不会再产生剧烈的分子变化，从而对人体的影响不大，适合建房。

红土也适合建房

↓红土是仅次于黄土的土壤，是火成岩经风化作用而成的土壤。丘陵多红土。红土含水量不会过高，适合建房。

↓红土有各种变化，其中最佳者就是"阴阳冲合"，也就是红、黄土相互混合。古人认为，黄土属阴，红土属阳，红黄土混杂就是阴阳冲合。

青土、白土、黑土不宜建房

↓白色土石灰质含量较高，人在石灰成分高的地方居住久了，骨骼、血液与神经系统都会受到影响；青土含有有害人体的化学元素；黑土虽然肥沃，适合农作物生长，但太松软，故都不适合建房。

开运风水吉祥物

山海镇平面镜

镶在镜框中的山海镇平面镜，几乎集齐了所有开运的要素，如招财进宝、福禄寿、镇宅、招贵人等。它有调整风水、平衡财运、营造人气、调和神佛、驱散邪气、镇家宅、平衡阴阳等功能。将它装饰在大厅起居室、店铺、办公室等地还可以提升运气。

宜 提运宜用山海镇平面镜

山海镇平面镜有集结吉气，提升运气的功效。在商业场所挂此吉祥物，可增加店铺的营业额；将它装饰在大厅、起居室、办公室等地方，可以提升运气、增强人际关系。

忌 山海镇平面镜忌对污秽之地

山海镇属于吉祥之物，在使用时不可以正对厕所或厨房等污秽之地，最好是正对大门，这样才能够带来好运。

车库不宜位于住宅正北方 ❀

←正北，车库的不吉利方位。车库设在此方位，主人易招小人、犯官非，还会出意外，并且男女主人都有地下情的趋向。可在车库放一张咖啡色的地毯，并将墙身漆成黄色来进行化解。

↑别墅不能太偏远，交通便利是最基本的条件之一。

地处平原的住宅风水 ❀

←因为没有山脉可藏风聚气，所以平原的好地理就要靠河川，因为水能去掉煞气。凡事有失必有得，一个地方的气流走了，一定还会有新的气补充进来，所以有水的地方，气场也就活络，这就是所谓的"界水则止"。

↑门口的鲜花，既能带来视觉和嗅觉的享受，也能给屋主带来好运。

地基应避忌路冲 ✿

↓住宅基地不宜规划在直路的尽端、弯路中的直线段所指向的地段，它们属于路冲地段，只可作绿地、停车场、变电站等。

住宅不宜背对马路 ✿

↓住宅背后有条直来直往的马路的话，最好栽种一些树木来挡煞。否则，这种风水就会像韩信被水一战的故事那样"前有追兵，后无退路"，容易导致住在里面的人欠下一屁股债，最后通通落跑。

开运风水吉祥物

桃木中国结

桃木一直含有吉祥之意。逢年过节，人们都要取桃枝挂在门边，用来镇宅纳福。桃木中国结的直径约为29厘米，由纯桃木制作而成，元宝形状，意味着招财进宝，再加上中国结，极具中国特色。

 辟邪招财宜用桃木中国结

桃木辟邪传说在我国民间有着深厚的基础，是中国传统的文化风俗。除此之外，桃木还可以提升运气。并且，桃木是化解不规则户型的专用吉祥物。一般将桃木中国结正对大门放置在客厅为好，可辟邪招财。

 厕所忌挂桃木中国结

桃木中国结不适合挂在厕所的墙上，也不适合正对厕所门挂放。开光的桃木中国结最好挂在固定的位置，不要轻易移动。

住宅的西边宜有大马路

↓住宅的西边应该有大马路，也就是说人的生活从西边而行为好。为什么这样讲呢？如果马路往西边去，当你早上去上班的时候便背着太阳而行。这样，早上的阳光普照到你的背部、颈部，使你的主动脉和任督二脉加速地运转，让你朝气蓬勃地去工作。

住宅的东边不宜有大马路

↓行进的马路是往东边去，那么早上就要顶着太阳走，眼睛会受扰，而下午回来的时候又迎向太阳回来，怎么说都不好。如果房子东边是大马路，那么家里会有一些大的是非。在选择住宅的时候一定要是西边主路。

地基应避忌路剪

↓住宅基地不宜处在两条道路斜交叉的"剪刀口"上。民谚有"路剪房，见伤亡"之说。两股势力汇聚，其力自然更大，受侵害的机会也就增多了。实践也验证，处在"剪刀口"的建筑，多灾害、疾病或是交通事故。

住宅的气息

↓看住宅的气息，除了要察看楼宇的外观，还要看个人的感觉。

地基是一切建筑的根本 ❀

↓地基是一切建筑的根本。没有好的基础，房子建得多么吉相，仍然逃不掉土地所带有的不良影响。所以，自古以来，地基是风水学高度重视的内容，而现代人似乎也没有人对它的重要性表示怀疑。

要重视地基风水 ❀

↓一旦知道你的地基有问题，最好的办法是迁移。如果不能迁移，就必须举行"被除不祥"的仪式。如果是新建房子，在盖房子以前，应该举行奠基仪式；如果是购买的现成房屋，最好也举行供奉仪式。

开运风水吉祥物

福禄寿三星

俗话说："人间福禄寿，天上三吉星。"三星的形象和蔼慈祥，让人觉得可亲可近，所以民间百姓都亲切地称他们为"三星老儿"，赋予他们非凡的神性和独特的人格魅力。"福星"手抱小儿，象征有子万事足的福气；"禄星"身穿华贵朝服，手抱玉如意，象征加官进爵、增财添禄；"寿星"手捧寿桃，面露幸福祥和的笑容，象征安康长寿。

宜 添福添寿宜置福禄寿三星

福禄寿三星是数千年来黎民百姓心目中最喜爱的神仙，也唯有受到福禄寿三星的照耀，人间才能有喜悦祥瑞的气息。一般将其放置在客厅，可增添福气、财运、寿元。

忌 福禄寿三星忌低于人的头顶

福禄寿三星也属于天神，在摆放时要高过人的头顶，不可低于人的头顶。

从阳光因素考虑住宅的定向

←从阳光因素来考虑的话，理想的定向应是冬天能吸取较多的太阳热量，而夏天能尽量排除太阳热量的方位。因此，从风水角度规划住宅时，应使其在夏天能阻挡阳光照入，在冬天则允许阳光通过。

↑实践证明，冬季各朝向居室接受的紫外线，以南向、东南和西南朝向较多，东、西朝向较少，大约只是前者的一半。东北、西北和北向的居室，接受的紫外线更少，还不足南向和东南向的1/3。因此，从接受紫外线多少来考虑，南偏东45°到南偏西45°朝向的范围为较佳的住宅朝向。

从风向因素考虑住宅的定向 —— 北方住宅

←在寒冷干燥地区，为了减少冬季寒风的侵入，建筑的大部分居室的布局应避开冬季主导风向，以免热量损耗过大，影响室内温度。如华北地区，冬季主导风向是北风和西北风，北偏东60°到南偏西60°朝向的范围，处于背风面，是建筑物防寒的适宜朝向。

↑主导风向与住宅朝向的关系十分密切，它对冬季室内热损耗程度及夏季室内自然通风影响很大，因此选择住宅朝向应在考虑日照的同时注意主导风向。

从风向因素考虑住宅的定向 —— 南方住宅

↓南方炎热潮湿，为了取得自然通风效果，应将建筑物朝向尽量布局在与夏季主导风向入射角小于45°的朝向上。这样，室内就可以获得更多的穿堂风，使湿气容易随风排出。

平原地区的住宅规划

↓平原地区，为排除地面雨水，在规划设计中，住宅地常设定以地块中心点为地面最高点，四周逐渐低下去与道路相连。在这种条件下，地面最高点宜尽量偏向地块北部，以减少北坡向的地块面积。在北坡向的地块内尽量布置非居住建筑，如车库、停车场、小绿地、杂用房及其他构筑物。

开运风水吉祥物

财神——五爷

五爷高约33厘米，是中国唯一的土财神，为五台山镇山之财神。本吉祥物经特别加工，并在五台山开光处理。

宜 餐饮行业宜置五爷

五爷是鲜为人知的土地财神，是专管餐厅、饭店、宾馆、土地、木材等行业的财神。

忌 五爷忌正对门安放

五爷不适合正对门安放，一般放于客厅供奉比较合适，摆放的高度要高于一般人的身高。五爷宜与专配香炉一起供奉。

住宅宜承接地气

↓大自然之间有股生气，这股生气跟水、土不可分。地气，指的就是水与土。相对于都市里的高楼大厦来说，别墅是比较容易承接地气的房屋，是真正能从自然中得到能量的房屋。如果没有十分的必要，将大片的土地用水泥和石头覆盖是不足取的，因为这样会有碍住宅承接地气。

地基应避忌外形不整

↓风水学认为地基与八卦对应。若宅基地有缺损部位，其对应的八卦的信息也有所缺损，会对家人不利。例如，宅基地缺艮位的边角，不利男孩的成长；缺乾位的边角，不利男主人；缺坤位边角，不利老母或女主人。故地基应完整无缺。

地基应避忌粘土、松土 ❀

↓粘土结构过于致密，渗水性能差，容易积水而孳生蚊蝇霉菌；松土易使地基下陷或倒塌；砂壤土致密坚固，渗水性强，自我净化地皮能力强，不易导致地基下塌。故地基应避忌粘土、松土，选择砂壤土、实土。

植物不宜紧挨墙根 ❀

↓庭院种植花草树木，好处多多，不过，也要注意，植物不宜太靠近房屋，尤其是不宜紧挨墙根。因为，植物太靠近房屋，植物身上的虫蚁很容易爬进房屋，骚扰屋主。另外，植物的根须，尤其是树木的根须，会给墙基带来很大的毁坏，影响整栋房屋的安全性。

开运风水吉祥物

招财弥勒佛

佛，神态安乐、自在、和蔼、安详，拉着装满金银财宝的布袋，送财上门。招财弥勒佛象征招财、安乐、财源滚滚、团结和睦。

宜 招财宜置招财弥勒佛

招财弥勒佛可摆放在店铺、办公室、客厅，可促进安乐、和谐，招财进宝，不宜摆放在卧室。

忌 招财弥勒佛摆放忌过低

招财弥勒佛摆放的高度要超过人的头顶，不可摆放得太低，以高过主人的身高为好。

绿色葱茏，旺气所在

↓如果房前屋后植物葱茏，长势旺盛，说明这块地是块旺地，能带来好运。反之，则是不毛之地，不吉利，一定要规避。另外，在农作物成熟之前将农作物去掉，并用作住宅地，也不吉利。

房屋地基应避忌背阳朝阴 ❀

↓竖向规划，以向阳坡向为优选是地基风水规划的基本原则。无论是山坡地的自然地形地貌还是平洋之地，也无论是住宅还是商区，在竖向规划的前提下，位于北半球的住宅地基均以北高南低为宜。这不仅符合负阴抱阳的阴阳法则，更利于采光和避风。

开运风水吉祥物

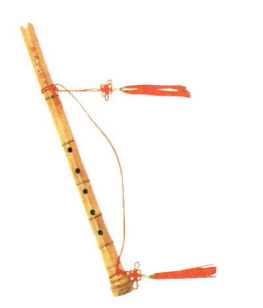

风水竹箫

竹是富贵的象征，有招财进宝之功效。竹箫的关节一节比一节粗壮，可以带来"步步高升"的开运效果。风水竹箫只需简单张挂就您招来吉祥、增加屋内的吉气，是传统的挂坠饰物。

宜 增强运势宜挂风水竹箫

风水竹箫象征家庭好运、生意兴隆。将风水竹箫的细端向上挂在墙壁上，可以使家庭运势和生意运程更进一步。

忌 风水竹箫忌近金属物品

因竹箫在五行上属木，而金克木，所以在摆放时要注意，不要将风水竹箫接近金属类物品或者放进白色容器内，将其放在红色陶瓷容器内最为理想。

住宅定向的三个基本原则

→住宅朝向受各方面条件的制约，不可能都采用南向，这就应结合各种条件，因地制宜地确定合理的住宅朝向。住宅朝向有三个基本的原则：一是以阳为向阴为背，二是以动为向静为坐，三是以宽广为向窄高为坐。

房前宜有水

→水的力量是极为强大的，滋养生命、寓刚于柔，既有观赏价值，也有环保价值，甚至可以调控温度。特别是全部由石头水泥砌成的房子，屋前的水能中和房屋的刚性，让房屋与四周和谐一致。如果房前没水，就特别要多栽种植物。植物属阴，能平衡房屋的阳，而阴阳协调的房屋风水才好。

墙生花草，家风不牢 ✦

↓不好好照顾住家内外的环境，导致墙角长出杂草、藤蔓爬满墙壁，或是风化颓圮的围墙长出杂草，或者是人为地在屋旁种些花草，让它们爬满墙壁，这些都不是好现象，会影响居家风水。

↑若是一间屋子的墙壁爬满花草，通常住在里面的人脾气会比较古怪，且家人举止随便，容易见异思迁。

开运风水吉祥物

紫檀象

象的性格至忠至厚，十分温驯，所有人均能接纳。大象可纳福、招财。紫檀象象征招福、纳财。

宜 向往和睦宜置紫檀象

向往和睦、具备团队精神的人摆放紫檀象最佳。紫檀象适合摆放在客厅、办公区，特别是老总的办公室内，会令其管理有方，不易出错。

忌 紫檀象忌与刀剑放在一起

"象"与"祥"谐音，在摆放象时不要和刀枪剑等金属物品一同摆放，并且也不适合与武财神一齐摆放。

第三章
别墅的灵魂——大门
外观图解100例

为什么说大门是别墅的灵魂呢？从风水角度讲，居家风水中，门户的方向，也就是大门的方向，是进气的方向，所以大门就成了整个住宅的风水"首脑"。大门主宰着整个住宅的生气、家人的健康与性格，乃至一生的运气，它就如人的脸面，关系着一家人的社会声誉、地位。作为特别注重外观的别墅而言，大门就更加重要了，所以说大门是别墅的灵魂。

大门的高矮、大小以及外观都十分讲究。过大之门泄气漏财，过小之门使人气短，通常要求大门整洁、美观、大方、有个性，同时又不失气势。因此很多成功人士的别墅除了突出此主题外，还特意摆设一些风水吉祥物，如狮子、麒麟、貔貅等来增强门户气势，同时其亦起着驱邪镇宅、招财纳福的作用。

因为大门的地位特殊，所以，我们特别将大门作为独立的一章，并精选100张图，让大家在欣赏的同时剖析其在风水上的优点及缺点。

第一节

大门与方位

　　在风水上，八卦对应着八方，即乾西北、坎北、艮东北、震东、巽东南、离南、坤西南、兑西。风水中讲的"气"，是围绕着阴阳来说的。阳为男，阴为女，阴阳调和而生万物，男女交合而生子孙。气之互克造成人之互相残杀，气之和合构成人之和睦。气和合才可以万事顺遂，这样，人的健康、事业、财运自然顺畅。而八卦之气也可以代表人：乾代表老夫，坤代表老妇，坎代表中男，离代表中女，震代表长男，巽代表长女，艮代表少男，兑代表少女。语云："扬人间之正气。"说的正是八卦里的阴阳之正气，是所谓老夫配老妇、中男配中女、长男配长女、少男配少女之意。

　　大门作为一宅之气口，如能配上阴阳正气，则家人性格随和、亲朋戚友和睦相处、万事如意、富贵双全，风水学上称此为"开夫妇门"，即门向与本宅坐方配卦成夫妇。

开夫妇门法则一

↓老夫之宅（乾宅）大门宜开老妇位，长男之宅（震宅）大门宜开长女位，中男之宅（坎宅）大门宜开中女位，少男之宅（艮宅）大门宜开少女位。

大门风水吉祥物

镇宅桃木剑

镇宅桃木剑长约98厘米，使用纯桃木，经过正规的开光处理。本吉祥物采用传统的雕琢工艺，经手工精心雕刻、打磨而成，外型设计上独具匠心，融入传统文化与现代艺术相结合的吉祥图案，配以赏心悦目的色泽，彰显其品质。桃木剑具有收藏价值，也被人们视为馈赠亲友、居家收藏之工艺珍品。

宜 辟邪化煞宜用桃木剑

桃木剑可解决大门正对门、路、墙角等风水问题，另可化解窗户正对烟囱、水塔、大厦、加油站、寺庙等不良建筑物的冲煞。家宅、店铺遇有邪祟之事、房间发生过血光、离丧葬场所较近或家中有病人长期不愈、又诊断不明等情形，都适合在大门两边挂桃木剑辟邪，也可将其挂在正对大门的客厅墙壁上，或者挂在正对窗户的墙壁上。

忌 桃木剑忌与金属物品同放

桃木剑属于纯木制品，在五行生克中，金克木，故不可与金属类物品齐放，更不可放置于金属类物品的正上方或正下方。另外，桃木剑不可放置于婴幼儿卧室，也不可摆放在床头。

开夫妇门法则二 🪷

↓老妇之宅（坤宅）大门宜开老夫位，长女之宅（巽宅）大门宜开长男位，中女之宅（离宅）大门宜开中男位，少女之宅（兑宅）大门宜开少男位。

巽门 ❀

↓东南，为八卦之巽，开在东南方的门叫巽门，配合坐东向西的震宅为夫妇正配。巽为文昌，若宅开巽门，家人名利双收。

巽门与长女 ❀

↓东南方主长女。若宅开巽门且合乎夫妇正配，如果家有长女，此人得益最大。

艮门 ❀

↓东北，为八卦之艮，开在东北方的大门叫艮门，配合坐西向东的兑宅为夫妇正配。艮为山，主电子、科技、地产事业。此宅之门出实业投资者，经商者大多从事金融、贸易、电子、科技以及地产事业。

艮门与少男 ❀

↓东北方主少男。若宅开艮门且合夫妇正配，如果家有少男，此人得益最大，其生活幸福，事业易获得成功。若宅开艮门但不合夫妇正配，容易受害者亦是户主之少男。

大门风水吉祥物

泰山石敢当

"石敢当"，亦名"泰山石敢当""石将军""石神"等，四川人称之为"吞口"，是我国民间常见的一种建筑习俗。通常是在家宅的大门或外墙边，或街道巷口、桥道要冲等处立一块石碑，也有嵌进建筑物的，碑上刻"石敢当"三个字。旧时人们认为其作用有三：一是辟邪，二是镇鬼，三是祛除不祥之气。在山东一带，还传说这块石碑有"暮夜至人家医病"的神通，所以又称其为"石大夫"。

宜 **房屋缺角宜置泰山石敢当**

如果房间出现缺角的现象，使用以朱砂书写的"泰山石敢当"，镇宅、化煞之功效会更佳。使用时要注意，泰山石要用干净的清水清洗，让它自然晾干，并将其摆放在正对着缺角的地方，摆放时间以早上9点以后为佳。

忌 **泰山石敢当的摆放忌不接地气**

在进行室内布局时，有的人喜欢将泰山石放在一张大供桌上以示尊敬。但是石头下面若被架空，则不能接地气，这是必须避免的。一般来说，"泰山石敢当"几个字要朝外，同时不宜正对着卧室和厨房门，以免带来不良的冲煞。

兑门与少女 ✿

↓西方主少女。若宅开兑门且合夫妇正配，如果家有少女或青年女人，此人得益最大。若宅开兑门但不合夫妇正配，容易受害者亦是户主之少女或青年女子，并且容易发生感情纠葛。

兑门 ✿

↓西，为八卦之兑，开在西方的大门叫兑门，配合坐东北向西南的艮宅为夫妇正配。兑为悦、为妾，主金属、金融、珠宝事业、武职人才等。此宅之门多出大贵巨富，经商者大多从事金融、贸易以及珠宝事业。

坎门 ✿

↓北，为八卦之坎，开在北方的大门叫坎门，配合坐南向北的离宅为夫妇正配。坎为水，主流动性事业，出差、旅行比较多。此宅之门出大官、巨富，经商者大多从事金融、贸易以及水利事业。

坎门与中男 ✿

↓北方主中男。若宅开坎门且合夫妇正配，如果家中有中男或中年男人，此人得益最大，事业也易获得成功。若宅开坎门但不合夫妇正配，则容易受害的人亦是户主之中男或家里的中年男人。

震门 ❀

↓东，为八卦之震，开在东方的大门叫震门。若配合坐东南向西北的巽宅，则为夫妇正配。震为雷，意为震撼之象，通常会引起很大的震撼，会有出人意料的成功。若宅开震门，家人容易暴发，名利双收。

大门风水吉祥物

八卦凹镜

　　八卦牌本身就能化解大门犯太岁、火形煞、天斩煞、穿心煞等冲煞，在八卦牌的中央镶上凸镜或凹镜或平面镜，可使得八卦镜兼有八卦牌和风水镜的双重功能，并可加强风水镜原有的作用，化煞效果更佳。凸镜的作用是"分散"，而凹镜的作用是"聚集"。当大门出现地气逸走或吉物远离住宅时，可利用凹镜收聚之；当大路或小路直冲大门时，可利用凹镜来改变其气场。

宜 化煞宜使用八卦凹镜

　　八卦凹镜是专用于化煞、避煞的风水用具。镜子的周围是由二十四山向、先天八卦、河洛九星、二十四节气组成，正对形煞悬挂，可收纳、改变直冲煞、枪煞、角煞、尖角煞、廉贞煞等，也可化解直冲大门的下行楼梯。

忌 八卦凹镜忌对污秽之地悬挂

　　八卦凹镜在使用上要注意不可以对着污秽之地。凹镜的作用主要是聚气，所以要聚吸一些吉祥之气。

离门与中女

↓南方主中女。若宅开离门且合夫妇正配，如果家有中女或中年女人，此人得益最大，其生活幸福、事业成功。若宅开离门但不合夫妇正配，容易受害者亦是户主之中女或家里的中年女人。

离门 ✿

↓南，为八卦之离，开在南方的大门叫离门，配合坐北向南的坎宅为夫妇正配。离为电，主电子、科技事业、技术人才。此宅之门出技术精英，经商者大多从事金融、贸易以及电子、科技事业。

大门风水吉祥物

狮头吊坠

狮头吊坠又称为"开运吉祥辟邪狮子头"，可以防止邪气进入，保持良好的风水环境。无论是工作场所还是家宅，凡是有气存在的地方均可吊挂小型的狮子吊坠。但要注意，狮头吊坠每年要更换一次。

宜 **狮头吊坠宜挂在正门**

在住宅、店铺、小公室等处用风水手法将周围的环境进行调整后，在正门挂上狮子吊坠，可有效地防止邪气进入。如果将狮头吊坠挂在东北方和西南方，可保持良好的风水环境。

忌 **狮头吊坠忌挂正东、东南方**

狮头吊坠比较忌讳正东方和东南方，要避免挂在这两个方位，以免带来不良冲煞。

坤门 🪷

↓西南，为八卦之坤，开在西南方的大门叫坤门，配合坐西北向东南的乾宅为夫妇正配。坤为地，主纪检法部门、土地部门及忠厚之人。此宅之门有利长期投资者，经商者大多从事木材、电子、科技事业。

坤门与老妇 🪷

↓西南方主老妇。若宅开坤门且合夫妇正配，如果家有老妇，此人得益最大，其生活幸福、安逸。若宅开坤门但不合夫妇正配，容易受害者亦是家中老妇。

乾门与户主 🪷

↓西北方主老夫。若宅开乾门且合夫妇正配，户主以及老年男人得益，其生活幸福、事业成功。若宅开乾门但不合夫妇正配，容易受害者亦是户主或是家里的老年男人。

乾门 🪷

↓西北，为八卦之乾，开在西北方的大门叫乾门，配合坐西南向东北的坤宅为夫妇正配。乾为电，主权威、政治事业、管理人才。此宅之门出管理人才，经商者大多从事金融、地产以及电子、科技事业。

西门图案 🪷

↓西门（兑门）。西方属金，喜土来相生及金来相助，忌火来相克及水来泄耗，木之影响力不大，列为中等。大门与防盗门的图案：喜：土——正方形，金——圆形、半圆形；忌：火——三角形、尖形，水——波浪形、梅花形；平：木——直线、长方形。

东北门图案 🪷

↓东北方的五行属土，故这个方位大门与防盗门图案的选择原则和西南门一样。

西北门图案 🪷

↓西北方属金，故这个方位大门与防盗门图案的选择原则与西门一样。

北门图案 🪷

↓北门（坎门）。北方属水，喜金来相生及水来相助，忌土来相克及木来泄耗，火之影响不大，列为中等。大门与防盗门的图案：喜：金——圆形、半圆形，水——波浪形、梅花形；忌：土——正方形，木——直线、长方形；平：火——三角形、尖形。

大门风水吉祥物

虎

虎具有辟邪、祛灾、祈福及惩恶扬善、发财致富、喜结良缘等多种神力。虎是四灵之一，象征二十八星宿中的西方七宿奎、娄、胃、昂、毕、觜、参，所以虎是西方的代表。因为西方在五行中属金，代表颜色是白色，所以管它叫白虎。在中国，白虎是战神、杀伐之神。

宜 镇宅辟邪宜置虎饰物

虎为百兽之王，是勇气和胆魄的象征，也象征秋季和西方。它可以镇宅辟邪，保佑安宁。虎是喜好孤独的动物，习惯独自行动的生活方式，因此虎是会危害人际关系的物品。另一方面，在家族群体里，虎又是重情重义的动物。在家庭中的大门、客厅等公共场所放置此物，具有改善父母与子女的关系以及夫妻关系的功效。

忌 卧室忌置虎饰物

虎具有安定家庭成员关系的作用，还可以平衡龙的能量。但是虎主刑杀，卧室里应避免摆放虎这样的猛兽，否则会带来不良的煞气。

东门图案

↓东门（震门）。东方属木，喜水来相生及木来相助，忌金来相克及火来泄耗，土之影响不大，列为中等。大门与防盗门的图案：喜：木——直线、长方形，水——波浪形、梅花形；忌：金——圆形、半圆形，火——三角形；平：土——正方形。

南门图案

↓南门（离门）。南方属火，喜木来相生及火来助旺，忌水来相克及土来相泄，金之影响不大，列为中等。大门与防盗门的图案：喜：木——直线、长方形，火——三角形、尖形；忌：水——波浪形、梅花形，土——正方形；平：金——圆形、半圆形。

东南门图案

↓东南方也属木，故这个方位大门、防盗门图案的选择原则与东门相同。

西南门图案

↓西南门（坤门）。西南方属土，喜火来相生及土来相助，忌木来相克及金来泄耗，水之影响不大，列为中等。大门与防盗门的图案：喜：火——三角形、尖形，土——正方形；忌：木——直线、长方形，金——圆形、半圆形；平：水——波浪形、梅花形。

外大门宜设在房子左边 ❀

→外大门设在房子左边为佳，因为左边为龙，除非左边煞气直冲，才可以安在右边。店铺的大门开在左边会生意兴隆、大吉大利。如果整个门面都是店铺的大门，则出入的通道应设在左边，这样的效果与大门开在左边相同。

职业与门向 ❀

↓一般而言，门向以东、南两个方位为佳。生意商家之门最适合东门。正门向南代表坐北为主、南面称臣，比较适合政治家、企业家、宗教家、富商、名人等。

门向无法调整的因应之道 ❀

→若大门方向与户主生命磁场方向不合，此时可以用巧妙的玄关布置法来解决错误的门向问题。至于如何布置，则需请教专业的住宅设计大师依据实际情况进行具体分析与设计。

大门风水吉祥物

铜双狮

　　如果说老虎是百兽之王，那么狮子可谓是万兽之尊了。狮子有镇宅化煞的作用，可抵挡任何煞气。除有挡煞的一面外，它还能给人带来名誉、地位和权力。很多富商和达官贵人都喜欢把狮子摆放在屋内。

宜 铜双狮宜用朱砂点睛开光

　　铜双狮象征着权利和地位，可以镇宅、挡煞，给人带来地位和权力。摆放铜双狮一定要注意摆放的方位和朝向，最重要的是在摆放前要用朱砂水点睛开光，这样才会有灵气，然后才会起作用。如不点睛，就发挥不了作用。

忌 铜双狮狮头忌朝内

　　铜双狮在摆放时应将狮头朝外，头朝内则不吉利，会带给屋内的人不良影响。

第三节
大门的规格

　　中国人一向以适中为美。一个人面容是否姣好，要看其五官的比例是否适中。同样的道理，大门的尺寸是否合适，也要看其是否与整个房屋的比例适中。适中的原则不仅是审美的原则，也是风水的原则。

大门的尺寸宜与房子成比例

↓大门的尺寸与房子的大小应当成比例，不可门过大而宅过小，亦不可宅过大而门太小，应处于和谐的状态。

大门尺寸不当的化解之道

↓门框的高和宽，如果用文公尺测量后是黑字，则不符合风水之道。高度如果出现黑字，可以加高门槛至符合红字之尺寸来化解。宽度如果为黑字，改门当然最好，如果无法改门，可以在门槛上安置一组五帝钱来化解。

太宽耗财身弱

↓门太宽，就不能藏风聚气。从峦头来论，屋宅的大门就是水口，水口太宽，代表大水倾泻而出。而水代表财，所以这样的屋宅钱财会比较不容易留住，住在里面的人身体会比较弱，家中老人会倍感痛苦。另外，窗也和门一样，不要开得太阔大。

太窄心胸狭窄

↓俗语说："从门缝里看人，把人看扁了。"门太窄，住在里面的人倒不一定会把人看扁了，但是长久下去，会变得心胸狭窄、容不下他人。适当的门宽，至少要容得下两个人擦身而过。

大门风水吉祥物

中国结

中国结象征喜庆、吉祥。传说中国结是由一个和尚在闲暇之余用一根绳编出一个整结，然后串上名贵的佛饰品，再安上编出"王"字的穗的绳结。

宜 新年宜挂中国结

新年新气象，中国结是一种很好的新年装饰品，它既精致又美观，最重要的是寓意吉祥。"结"字是一个表示力量、和谐和充满情感的字眼，有结合、结交、结缘、团结、结果、永结同心之意。"结"与"吉"谐音，"吉"有着丰富多彩的内容，福、禄、寿、喜、财、安、康无一不属于吉的范畴。"吉"是人类追求的永恒主题，"结"字则给人一种团圆、亲密、温馨的感觉。

忌 搬新房忌用旧的中国结

中国结在使用时有个较重要的忌讳：如果搬进新房，则不宜在新房使用旧的中国结。因为旧的中国结会带来旧的气场，所以最好换用新的为宜。

门高于壁

↓许多别墅为了挑高与采光，建筑上半部安了许多玻璃，下方用砖头砌的墙壁则很低。这种设计让屋内受到阳光直射的时间过长，反而不好。此外，因为到处都是透空的玻璃，隐私不足，所以住在这样的豪宅里反而不会长寿。

门高于厅

↓门高于厅，就是说大门的门楣挑得太高，甚至超过了室内客厅的天花板，这样会造成家中人口越来越少。

第四节
大门风水

　　大门的材质、大小等都与一家人的生活及运气息息相关。当它符合人们的审美观时，我们还要从风水的角度来审视它，让它在给房屋带来美的同时，给居住在里面的人带来好运。

安放门槛有讲究 ❀

↓安放门槛需要注意的是：门槛的颜色要与大门的颜色配合，并且应谨防断裂。门槛如断裂，便如同屋中大梁断裂一样，主凶。门槛完整则宅气畅顺，断裂则运滞，因此门槛如断裂，必须及早更换。

大门两旁宜摆放吉祥物 ❀

↓大门两旁宜摆放麒麟、貔貅、石狮、石象等风水吉祥物。它们都是镇宅的主要物件，可趋吉避凶，让家庭成员和睦相处、家庭吉祥如意，还可以增添运气。

避免在门上另接木头 ❧

→大部分的人对于门的防盗性、美观等方面都比较注意，却忽略了门作为一个家的门面需要避免的情形。比如说，门板以外的门框、门梁、门楣等位置，都要尽量避免另接木头的情况。因为木头相对钢铁而言，耐用度原本就比较低，而且还有遭到虫蛀的危险。

避免在木门上使用钉子 ❧

→若因为本身喜好，非使用木门不可，则建议使用卡榫的方式来制作，避免使用钉了。因为以钉了固定的方式不若卡榫坚固耐用，而且钉子有生锈的可能。时间一长，钉子的强度降低，整个门框就会有歪斜的情形出现，会对家运产生不好的影响。

大门风水吉祥物

五帝钱

五帝钱指的是清朝五代盛世皇帝（顺治、康熙、雍正、乾隆、嘉庆）时期所铸造的铜币，此时期的铜币在五行中属金性，具有招财开运、辟邪、保平安等作用。在国势强盛时期所铸之钱，再加上几百年的使用，灵气特别旺，带在身边可消灾解难，加强财运。五帝钱又是化解五黄煞和二黑病星的最佳法器之一，将六个五帝钱与风铃一齐挂于家宅五黄位或二黑病星位，可保家宅平安。

宜 新房、车辆宜挂五帝钱

新装修的住房、办公室、店铺等场所宜挂五帝钱，既有招财进宝之功效，又能驱赶不良气场。如果是新购买的车，挂上五帝钱，则有逢凶化吉之功效，特别是购买的二手车要使用五帝钱。

忌 五帝钱忌挂木、火方

因为五帝钱五行属金，而金克木、火克金，所以五帝钱在悬挂时要注意尽量别挂在正东、东南、正南等方位。因为这些方位在五行上属于木、火类，与金属都有冲突。最好在专业人士的指导下使用。

利用大门催财的简单妙方 ✿

↓利用好门的功能,可以为家中催财及招财。大门的方位可以说是掌握财运的命脉,而最简单的催财方法就是在门旁摆水。所谓"山主人丁水主财",有水的地方便能发挥财气的作用。除了水之外,所有水种植物及插花都有催财的作用,只要放在大门口附近便能生效。

外大门宜坚固耐用 ✿

↓外大门的坚固耐用关系到家的长治久安。坚固的外大门能很好地保护住宅的安全,避免家庭财产的流失。在日常生活中,也可防贼防盗,给居住者以安全感。

大门宜方正 ✿

→大门是纳气的所在,外形方正的大门有利于气的流通,也能体现宅内之人大气、端庄、稳重的一面。

住宅宜有后门 ✿

→现在的高楼很多,因为高楼的房子都是集合式住宅,每户均可以聚气,且前后多半有阳台,故不需要有后门。但是谈到独栋住宅,不管是别墅还是平房,一定要有后门。打开后门会使气流相通,促进室内空气流通。有前无后代表有始无终,在安全上也多了一层顾虑。如果实在没办法开后门,则可在住宅后面适当的位置开启较大的窗户,使新鲜的空气适时进入。

大门前宜有良好的采光

→大门前的空间必须有良好的采光，例如传统建筑三合院，前庭宽广、开阔，光线充裕。前庭宽广、开阔，光线自然充足，光线充足后气流自然顺畅，故居住三合院里的人，前途无量、多子多福。如果采光不足，会给日常生活带来诸多不便，同时，也会影响家运。

大门与墙壁或围墙宜保持一定距离

→大门正面应与邻居家的墙壁以及自家的围墙保持适当的距离，这样才能体现出空间上的立体感，进而彰显出主人的品位和气度，也避免了墙壁挡住采光及"气"的流通。

大门风水吉祥物

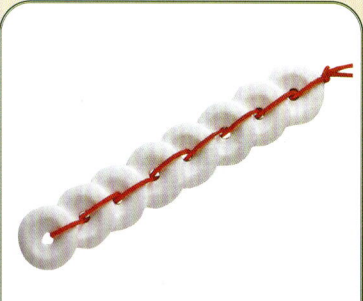

八白玉

白玉象征吉祥、正气。八白玉是由八块白玉组成，有助于增添财运、事业运和人际关系运。当家道衰退或公司运气不济时将八白玉装饰在大门或入口处，有利于运气上升。当人际关系不好或身体状况差时，需经常将其佩戴在身上。

宜 居家改运宜用八白玉

如果家居不洁，将一串八白玉挂在大门后，可消除污秽。将八白玉佩戴在身上，夜归人士自会平安无事，也可作为婴儿定惊之物。许多人当运时大富大贵，失运时一落千丈。失运时的化解方法之一即在旺气位安放八白玉，但旺气位每年有变，所以要留意改变八白玉的位置。

忌 八白玉的摆放位置忌与使用者的八字相冲

八白玉的摆放要根据风水原则来定，一般情况下要在专业人士的具体指导下依据自身的八字及生肖属性来选定摆放位置，不可与八字相冲。

忌横梁压门

→横梁压门让人一进门就有受压制的感觉。从风水角度来看，横梁压门会令家中之人无法发挥自己的聪明才智，甚至压抑终生，所以这是大门风水之大忌。

开门不宜见墙

→一打开门就出现一堵墙的话，会给人心里上造成压抑，而且墙还会挡住气流的流通。如果经常开门见墙，或者开门可见另一房间的话，人体内气的流通会被扰乱，不利健康。

门前忌有菱形、尖形建筑物

→门前如果有菱形、尖角或形状古怪的建筑，会造成住宅内的人脾气古怪，引来许多不必要的麻烦。化解的方法就是改门向，或者在门头挂上凸镜将煞气扩散。

外大门方向忌同水流方向

→外大门的开门方向绝对不可顺着水流的方向，否则家里的好运都会顺水而走，不利于家运和财运。此乃自然风水之大忌。

大门上不宜有植物

→不少喜欢花草的人士，不但门前屋后种满植物，甚至连大门都用植物来装点。门上爬藤，这在风水学上是很不好的现象。从实际来说，门上爬藤会给人一种落败或者牵扯不清的感觉，而且，门上的植物会招来虫蚁等小昆虫，会给出入的家人带来一些困扰。

正对大门处不宜栽树

→如果正门前是大王椰子类的大树，就象鼻子前悬着一支笔，形成悬针煞，容易让人精神恍惚，而且会导致屋内的气场乱掉，让住在屋里的人官司不断，家人容易出车祸。如果正门前是棵矮树，则会形成当头煞，会让夫妻不和，也会影响家人的健康，使得家人易患头痛、心脏病、高血压等症。化解的办法就是移走正对大门的树。

开门不宜见山

→见山中的山并非远山，而是近距离的山。若大门数百米以内存有一座大山，气的流通受此山阻碍，会有一种压迫感存在。同样的道理，如果门前有土坡，也是不吉利的。从实用角度上说，门前有土坡，不但会影响屋主的视野，而且雨天雨水容易流入屋内。

门向外开，财散如飞

→大门应向内开而不能向外开。因门主进气，若门是向外开的话，就会把屋内祥和之气送走，象征失运、破财。这种安排也会影响亲子关系，使得孩子多半不愿意跟父母住在一起，还会影响夫妻间的关系，使得夫妻双方都喜欢在外忙自己的事情。而出门就一定会花钱，所以说"财散如飞"。

大门前忌堆积杂物

↓现代人虽然很重视"门面"，但也有些人没有良好的环境卫生习惯，例如为了贪图方便随手把杂物堆放在自家门前。这样不但会造成居家生活上的不便，而且从风水上来说，也会在各个方面给居住者带来诸多不利的影响。

大门风水吉祥物

催财貔貅

据古书记载，貔貅是一种猛兽，为古代五大瑞兽（龙、凤、龟、麒麟、貔貅）之一，称为招财神兽。貔貅曾为华夏族的图腾。传说其帮助炎黄二帝作战有功，被赐封为其"天禄兽"，即天赐福禄之兽。貔貅专为帝王守护财宝，也是皇室的象征，称为"帝宝"。又因其专食猛兽邪灵，故又称"辟邪"。中国古代风水学者认为貔貅是转祸为祥的吉瑞之兽。

宜 催财宜戴催财貔貅

貔貅由于外貌凶猛，有镇宅辟邪的作用。将已开光的貔貅安放在家中，可令家中的运势转好、加强好运、赶走邪气。除此之外，貔貅还有趋财旺财的作用，适宜随身佩戴。相对于其他招财物，貔貅助偏财之效力更大，对正财也有帮助。一般制造貔貅的材质有金属、木材、玉石等，其中以玉制的貔貅催财力量最强。有一点要留意，对于品行不好的人，貔貅未必有催财之力，这是由灵兽的特性所致。

忌 貔貅忌三只同放

一般来讲，放置貔貅以成双最好，单个也可以，但比较忌讳在同一个地方放置三只貔貅。这样不但起不到招财的作用，还会带来不好的运势。

大门不宜正对餐桌 🪷

→住宅风水讲究回旋，忌直冲。如有犯冲，便会导致住宅的元气外泄，风水也因此大受影响。若餐桌正对大门，站在门外便可以看见一家大小在吃饭，非常不妥。最好是把餐桌移开，但如果确无可移之处的话，应该放置屏风或板墙作为遮挡。

大门忌正对阳台 🪷

→居室的大门不宜正对阳台，否则就形成了风水学上的"穿心煞"。从日常生活考虑，如果住宅大门与阳台相对，则每当大门敞开时，外面的人就可以一眼看到阳台，居室内的情况将一览无余，不利于保护家庭隐私。

门口忌对楼梯 🪷

→如果大门正对楼梯，会形成两种不同的格局。一种情形是正对的楼梯向下，则家中的财气极有可能流失，因此要在门后设置屏风来阻止内财外流；另一种情形是正对向上的楼梯，此时不用担心财水外流。若在门内放置大叶植物，如发财树、金钱树等，则更可引财入室。

入门忌见厕 🪷

→一进门就见到卫生间，犹如用秽气迎接来访者，首先对客人不礼貌，而且也令主人自降身份，显得没有品位。另外，开门见厕易令家人发生口角，不利家庭和睦。

大门方位不吉的改向原则

↓如果大门的朝向不利宅主，就要改变朝向。一般的原则是，前门的出入口不能通过其方位中心的正中线、四隅线。

大门风水吉祥物

五福圆盘

五福圆盘是由五只蝙蝠相连而成，通常被称为"五福临门"。它意味着人生的五种福：长寿、富贵、康宁、善终、好德，也就是所有的福都聚集到自己的门口，象征招财纳福。

 宜 化煞求福宜置五福圆盘

五福是中国人所追求的幸福境界。蝙蝠不仅具有求福的作用，而且还有强大的化煞能力。例如，当天花板上有横梁突出时，为了化解房梁上的压迫感，可以在房梁上吊一两个蝙蝠吊坠。注意，此时可不用五福圆盘。

 忌 五福圆盘蝙蝠头忌朝房外

在蝙蝠的摆放上应该注意，蝙蝠的头一定要朝向自己家，也就是说蝙蝠是往自己家里飞，而不是从自己家飞到外边去，取其招福吉祥之意。

第四章

别墅内部的开运布局

环境对人的影响毋庸置疑，而风水对人的影响也是十分巨大的。"天人合一"就指出了环境、人、风水间的密切关系。住宅自然也是环境的一部分，住宅内部的景观形态与装饰设计都能影响人们的事业与生活。从本质上来说，风水是追求人与环境和谐共处的一种手段，它通过一些约定俗成的规则与禁忌达到对家居环境的改造与影响。

对于构成家居结构的各个功能区域来说，如何进行合理的配置和设计，需要用心思考。风水学为我们提出了一些居所布置的方式和方法，包括房屋的朝向、格局布置、色彩搭配、照明和采光等。我们可以借助风水学的智慧来改造我们的居住环境，让所处之室处处充满祥和之气。

第一节
玄关风水

佛经云："玄关大启，正眼流通。"玄关本是佛教中的"入道之门"。而在住宅结构中，玄关则指居所入口的一个区域，是进出房屋的必经之地，也是亚洲传统建筑的重要组成部分。玄关既对风水有决定性作用，也有美化房屋的实用性功能。正确地设置玄关，不仅可以化解屋外直冲大门的煞气，还可防止阳宅旺气的外泄，更能让运动的进入者静气敛神、调整气息，直接提升阳宅的吉祥运势！

❶ 玄关的方位

玄关是家人出入的必经场所，也是外界能量进入家中的必经之路。这个位置吉凶与否，给予居家生活很大的影响。如果玄关处于吉方位，那么就可以吸收到良好的空气，驱赶坏运气。不过，玄关的方位不同，运气也就不同。

↑东方位——太阳最早进入的方位。此方位的玄关可带来前进、发展、成功等运气。

↑东南方位——大吉方位。玄关设在此方位，生意兴隆，交际运也会越来越好。

↑南方位——能接受到最强阳能量的方位。玄关设在此方位可以使名声、名誉提高。但阳能量过强，就会失去平衡，需注意不要太过于朝阳。

↑北方位。此方位的玄关，阴气强盛，可使用照明灯来补充不足的阳能量。不过位于北方位的玄关对三碧、四绿、六白、七赤的人来说是吉方位。

↑东北方位。将玄关设置在这个位置是大凶，会得到最坏的运气。

↑西南方位。玄关设在此方位，会使一家之主的力量变弱。

玄关风水吉祥物

镇宅双狮

　　狮子在中国的传统里是镇宅瑞兽，集百兽之神威于一身，可镇宅保平安，又可纳祥，一般将其摆放在住宅的大门口。

宜 家中狮子宜置西方

　　家中狮子宜置西方。一是因为狮子是从西域传入中国的，西方是它最熟悉、最活跃的方位，置此可以占得地利。二是因为乾卦居西北方，五行属金，故狮子(尤其是铜狮或金狮)置于西北方最能发挥它的功效。除西方、西北方外，把狮子摆在南方也颇为适宜。中国大部分的官府大宅都是坐北朝南的，因此，将狮子摆在宅院的南方大门旁可起到辟邪助运、吉祥如意的效果。

忌 狮头忌朝向屋内

　　狮子属于猛兽，因此狮子的头部要朝向屋外，切勿向着屋内。狮头向外，这样才可以阻止屋外不良事物的进入，所以住宅或是衙门外边的石狮均是头部向外。倘若是狮头向屋内，非但不能辟邪，还很有可能带来不良冲煞，甚至给居住者带来血光之灾。

❷ 玄关的作用 ❀

一般来说，玄关主要有以下两大作用。

（1）化煞防泄

风水学所说的"煞"，分"形煞"及"气煞"两种，并非是所谓怪力乱神的东西，其实就是恶型，与围棋里的恶型同理。

风水学上，形煞指有形的凶相，主要有以下几种情形：

①刀煞，也叫尖角冲射，即大门正对附近建筑物的转角或尖角。其如同一个楔子，打进住宅中心，令住户犹如利刃直指，觉得百般难以忍受，心情极为压抑。

②暗箭伤胸，也叫街巷直冲，即住宅正对的大路或街巷呈一条直线，向房中冲来，导致住宅向外发展的气势为其所阻断，从而形成路冲。

③斜路直冲。住宅在低位，大路从高位直扑而来，其巨大压力犹如滔滔洪水拾级而下，势大力沉，直冲入屋，令居者无法阻挡。

气煞指煞物飞临的方位，因为它无形无象，不似形煞那样可用肉眼观察得到，所以只能根据风水数理推算。如果户主是东四命，而大门却开在正西、西北、西南或东北这西四方，大门与户主相冲，那么，对这家人来说，这便是宅带气煞。相反，倘若户主是西四命，而大门却开在正东、正南、正北或东南这东四方，大门与户主相冲，对这家人来说，这也是带有气煞的住宅。如果住宅遇到这样的情况，设置玄关就是当务之急。

设立玄关可以促使从大门进入的外气转向，从而缓冲形煞、化解气煞。

↑玄关最大的风水作用，是可用来化解屋外直冲大门的煞气。

↑设立玄关可以缓冲形煞。

↑ 设立玄关可以化解气煞。

↑ 玄关可以促使从大门进入的外气转向。

外气本来从凶方直入的，改为从吉方转折而入，这便符合风水的趋吉避凶之道。例如对西四命的人来说，大门如果开在北方凶位，是大门带煞；但若加一玄关，屋外之气本从北向南流入，现改为从西至东进入，西乃本命吉方，就可逢凶化吉。

另外，玄关还可防止旺气外泄。

从风水的角度来看，从大门入宅的旺气与财气应尽可能在屋内回旋，为住宅充分利用后，才慢慢流出屋外。倘若大门与阳台或窗户形成一直线，则从大门流入之旺气及财气便会迅速从阳台或窗口流走。旺气直入直出，是"泄水"之局，令家中的人丁及钱财均难以积聚。而补救之法，是在其间设一玄关，设法令大门之气转向流入屋内，而不直接从阳台或窗户流走。

↑ 玄关可防止旺气外泄。

玄关风水吉祥物

麒麟

麒麟是四灵兽之一，集龙头、鹿角、狮眼、虎背、熊腰、蛇鳞、马蹄、猪尾于一身，公为麒，母为麟。麒麟是吉祥物之首，能够消灾解难、趋吉避凶、镇宅避煞、催财升官，与龙神、凤神、龟神一起并称为四灵兽。将麒麟摆放在居家或办公场所，有招福、辟邪、利生男丁之功效。

宜 玄关宜摆放麒麟

古人多喜欢在门口摆放麒麟，将其作为家宅的守护神。现代住宅将这些灵兽摆在门口有诸多不便，退而求其次，将其摆放在玄关也有同样的作用。麒麟具有很强的"镇宅"作用，可以安定周围的气，并被广泛应用于消解收入不稳、家庭不和、生意不佳、人际关系不好、夫妻关系不和等问题，也可以平息日常生活中的琐碎问题。

忌 麒麟的头忌向屋内摆放

用麒麟催财，可放一对于财位；用其化解三煞，则可放三只于三煞方。放时头向门外或窗外，其功能更强。如果将麒麟头向着屋内，则其发挥的作用会降低。

（2）遮掩

客厅是一家大小日常安坐聚首的所在，是家庭的活动中心，所以不能太暴露。如果大门与阳台成一直线，客厅无遮掩，家中各人在客厅的一举一动均为外人在大门外一览无余，那么家人便会缺乏安全感，从风水角度来说亦非吉兆。此时，加一道玄关便可解决上述问题。

玄关是大门与客厅的缓冲地带，起遮掩的作用，令外人不能随便在大门外观察到屋内的活动。有玄关在旁护持，家人在客厅里的安全感大增，同时也不怕隐私外露。

↑玄关是大门与客厅的缓冲地带，起遮掩作用。

另外，玄关还可防风防尘。在美加地区，许多住宅的客厅、餐厅以及起居室均不对正大门，对门而立的不是楼梯便是墙壁，因此可免除尘土、风沙入屋的烦恼。而东方式的住宅设计则是入门见厅、不设玄关。大门若被风沙吹袭，坐在客厅便会深受其扰。

如果大门正好向着西北或是正北，冬天便会常受凛冽的寒风侵袭。在入门处设一玄关，既可防风，亦可防尘，从而保持了室内的温暖和洁净。

↑玄关既可防风又可防尘，从而保持室内的温暖和洁净。

❸ 玄关的装修及美化原则 ✿

设计精美的玄关，会使住宅顿时焕发光彩，令人一进门便感觉眼前一亮，精神为之一振，因此在装修设计时应尽量设法美化玄关。装修及美化玄关有以下四项基本原则。

（1）通透

玄关的墙壁间隔应以通透为主，因此通透的磨砂玻璃较厚重的木板为佳。即使采用木板，也应该采用色调较明亮而非花哨的木板，色调太深则易有笨拙之感。

（2）适中

玄关的墙壁间隔不宜太高或太低，要适中，一般以两米的高度最为适宜。若是玄关的墙壁间隔太高，处身其中便会有压迫感，而太低则没有效果，无论在风水方面以及设计方面均不妥当。

↑玄关的间隔物要以通透为主。

（3）明亮

玄关宜明不宜暗，所以在采光方面必须多动脑筋。除了间隔物宜采用较通透的磨砂玻璃或玻璃砖之外，木地板、地砖或地毯的颜色都不可太深。玄关处如果没有室外的自然光，便要用室内灯光来补救，例如安装长明灯。

↑ 玄关宜明不宜暗。

（4）整洁

玄关宜保持整洁清爽，若是堆放太多杂物，不但会令玄关显得杂乱无章，而且也会对住宅风水大有影响。玄关凌乱昏暗且甚为压抑的住宅，距离家道中落已不远矣。

↑ 玄关应保持整洁清爽。

玄关风水吉祥物

五路财神聚宝盆

五路财神分别为赵玄坛赵公明、招宝天尊萧升、纳珍天尊曹宝、招财使者陈九公、利市仙官姚少司。人们祈求出门时东西南北中五路皆得财，所以五路财神又称路神。五路财神是民间吉庆年画中常见的形象，在江南一带供奉最盛。五路财神象征财源广进、招财、聚财。

宜 招财宜置五路财神聚宝盆

五路财神专施金银财宝、迎祥纳福，故招财宜置五路财神聚宝盆。

忌 五路财神忌过高

五路财神的摆放高度要高过人的头顶，但不应过高，并且不可以与佛观音、武财神等一起摆放，否则会影响招财效果，还会产生不好的冲克。

④ 打造吉祥玄关风水的八个重点

（1）天花板的安置

天花板宜高不宜低：玄关的天花板若是太低，具有压迫感，这在风水上属于不吉之兆，象征这家人备受压迫掣肘，难有出头。天花板高，则玄关空气流通较为舒畅，对住宅的气运也大有裨益。

天花板色调宜浅不宜深：玄关天花板的颜色不宜太深，如果天花板的颜色比地板深，这便形成上重下轻、天翻地覆的格局，象征这家人长幼失序、上下不睦。而天花板的颜色较地板颜色浅，上轻下重，这才是正常之象。

天花板灯饰排列宜方圆忌三角形：玄关天花板上的灯饰排列宜圆宜方，却不宜三角形。有人喜欢把数盏筒灯或射灯安装在玄关天花板上来照明，这是不错的布置，但如把三盏灯布成三角形，那便会弄巧成拙，形成"三枝倒插香"的局面，对家居很不利。倘若排列成正方形或圆形，则不成问题，因圆形象征团圆，而正方形则象征方正平稳。

↑玄关天花板宜高不宜低。

↑玄关天花板色调宜浅不宜深。

↑玄关天花板灯饰排列宜方圆忌三角形。

（2）墙壁间隔

墙壁间隔应下实上虚：面对大门的玄关，下半部宜以砖墙或木板作根基，扎实稳重，而上半部则可用玻璃来装饰，以通透而不漏最理想。玄关若不以墙来作间隔，用低柜来代替也行，其上选择玻璃或通透的木架来装饰。低柜可用作鞋柜或杂物柜，上面则可镶磨砂玻璃，这样既美观实用，同时也符合下实上虚之道。必须注意的是，玻璃不同于镜子，会反射的镜子通常不可面向大门，因为会将家中财气反射出去，但磨砂玻璃则无此顾虑。

墙壁颜色须深浅适中：玄关的墙壁间隔无论是木板、墙砖或是石材，选用的颜色均不宜太深，以免令玄关看起来暮气沉沉，没有活力。而最理

↑墙壁间隔应下实上虚。

想的颜色组合是：位于顶部的天花板颜色最浅，位于底部的地板颜色最深，而位于中间的墙壁颜色则介于这两者之间，作为上下的调和与过渡。

　　墙壁间隔宜平滑：玄关是住宅进出的主要通道，墙壁及地板平滑则气流畅通无阻。如果以凸出的石块作为玄关装饰，凹凸不平，则宅运便会有诸多阻滞，必须尽量避免。

↑ 玄关墙壁颜色宜深浅适中。

↑ 玄关墙壁间隔宜平滑不宜凹凸。

（3）地板的布置

　　玄关的地板宜平整：地板平整可令宅运畅顺，而且也避免失足摔跤。同时，玄关的地板宜尽量保持水平，不应有高低上下之分。

　　玄关地板的颜色宜深：深色象征厚重，地板色深象征根基深厚，符合风水之道。如要求明亮一些，则可用深色石料包边，而中间部份采用较浅色的石材。倘若选择在玄关铺地毯，其理亦同，宜选用四边颜色较深而中间颜色较浅的地毯。

　　玄关地板的图案忌有尖角冲门：地板的图案花样繁多，应选择寓意吉祥的图案。玄关地板必须避免选用那些多尖角的图案，而尖角冲门则绝对不宜，以免家口不宁，惹无妄之灾。

↑ 玄关地板的图案忌有尖角冲门。

玄关风水吉祥物

铜钱/元宝

　　铜钱是古时候使用的钱币，可作为旺财之用，现在流行使用的是五帝铜钱。元宝也代表着钱财，亦属招财之物。

 宜 古钱或元宝宜放在窗口

　　古钱与元宝多一对并用，用法一般有两种：一是将一对金元宝或古钱放在住宅最大的窗口上或窗台的左右方，意为把窗外之财吸纳进来；二是将其放在大门入屋斜角的角落，此处藏风聚气，亦是财位。

 忌 凶位忌置古钱或元宝

　　钱币与元宝适宜放在财位和吉位，忌讳放于凶位。如果自己无法确认方位，最好在专业人士的指导下安放。

玄关木地板的木纹不宜直冲大门：玄关的木地板，不论何种木料，其排列均应令木纹斜向屋内，如流水斜流入屋。木纹切勿直冲大门，如直冲则不吉。

↑玄关木地板的木纹不宜直冲大门。

玄关的地板忌太光滑：有些人为了美化玄关，往往会把玄关的地板打磨得十分光滑。这其实是弄巧成拙。单从家居安全角度来说已不理想，因为家人或宾客均容易滑倒受伤。

↑玄关的地板忌太光滑。

（4）鞋柜及鞋的摆放

不少女士拥有许多不同款式的鞋子，并喜欢将鞋放于卧室，方便上街前选鞋。可是在风水学上，鞋只适宜摆放于大门口附近，不宜放在屋内其他地方，包括卧室。

上街穿的鞋，沾染了金、木、水、火、土五行之气，通常比较杂乱，故只适宜放于经常出入的大门附近。如果把鞋子四处乱放，外面"不好的气"将会随鞋子进入屋内，直接影响屋中人的运程。所以，家居最好添置一个鞋柜，将鞋子全部放进柜内，不好的磁场便无法随便释放出来。对于大门面向走廊的居家，鞋柜更可兼作屏风用，阻挡由大门直冲而进的煞气。至于不曾穿过的新鞋，或供室内专用的拖鞋，放在家中任何地方都没有问题。

另外，每天回家后应将鞋清洗干净后放好，特别是沾了污泥或污垢的鞋，要马上清洁。鞋是极污秽之物，必须每天清理，将污秽的鞋底放在家中，也不合乎卫生。而且鞋多数置于大门口，而门为气口，为每天纳财之地，在纳财地方置大量污秽发臭的鞋子，当然不是好风水。

玄关放置鞋柜，是顺理成章的事，无论主客，在此处更换鞋子十分方便。而且"鞋"与"谐"同音，有和谐、好合之意，并且鞋必是成双成对，这也是很有意义的。家庭最需要和谐好合，因此入门见鞋很吉利。虽然如此，在玄关放置鞋柜及鞋仍有一些方面需要注意：

鞋柜不宜太高大：鞋柜的高度不宜超过户主身高，若是超过这尺度不妥。鞋柜的面积宜小不宜大，宜矮不宜高。

鞋柜宜侧不宜中：鞋柜虽然实用，但却难登大雅之堂，因此鞋柜还要注意宜侧不宜中，即鞋柜不宜摆放在正中，最好把它向两旁移开一些，离开中心的焦点位置。

↑玄关鞋柜不宜太高大。

↑玄关鞋柜宜侧不宜中。

鞋柜不宜有异味：风水重视气流，因此鞋柜必须设法减少异味，否则异味若向四周扩散，则根本无好风水可言。

鞋柜宜有门：倘若鞋子乱七八糟地堆放而又无门遮挡，便十分有碍观瞻，故鞋柜宜有门。鞋柜布置得典雅自然，从外边看，一点也看不出它是鞋柜，这才符合归藏于密之道。

鞋头宜向上而不宜向下：鞋柜内的层架大多倾斜，在摆放鞋子入内时，鞋头必须向上，这有步步高升的意味。若是鞋头向下，就意味着会走下坡路。

在玄关处的鞋柜上宜摆放鲜花，可为家室招来好运。黄色花利于爱情，橙色花利于旅游，粉色花利于人际关系。

↑玄关鞋柜宜有门。

↑玄关鞋柜上宜摆放鲜花。

玄关风水吉祥物

跑马

马有健康之相，有利远方。将马放置在面向大门或窗口的地方为大吉。

宜 招财开运宜置跑马

跑马既可以招来财气，又有助于事业，使前程似锦。经常出差公干或奔走于两地的人士，适宜选用跑马摆放在写字台或家中的财位上，取"马到成功"之意。

忌 跑马忌防在浴室或灶头

马为午，午属火，水火相克，故跑马忌防在浴室或灶头。

（5）地主财神的摆放

现代有很多人在家中供奉神祇，以期神明庇佑，健康长寿，招财进宝。但在现代布局的房子中摆放传统的神台，会显得格格不入。若要消除这种矛盾，应采用因时制宜的布局方法。

地主财神是玄关最常供奉的神祇之一，其他的神祇尚可移入屋内其他较隐蔽的角落，但地主财神必须当门而立，因为地主财神的全名是"五方五土龙神，门口地主财神"。地主财神还是住宅的守护神，当门而立，便可把牛鬼蛇神拒诸门外。

↑ 玄关地主神柜的内部必须采用漆上金点的红色。

↑ 玄关的地主财神须当门而立。

地主财神应单独供奉在面向大门的玄关地主神柜中，这样既不显眼，同时又不失地主应当向门而立的原则。

地主神柜可用作鞋柜或杂物柜。为了与附近的环境配合，其外部的颜色可以随意，但地主神柜的内部则必须采用漆上金点的红色。

（6）饰物的选择

由于玄关位居冲要，对宅运大有影响，因此，摆放在此处的饰物要格外小心，以免无意中破坏了住宅风水。

古人多摆放狮子、麒麟这些威猛而具有灵性的猛兽在门口镇守，作为住宅的守护神。现代住宅如果摆放狮子或麒麟在屋外，往往会受到诸多限制，退而求其次，可摆在玄关内面向大门之处，同样也可收到护宅之效。

↑ 玄关宜摆放麒麟、狮子等镇宅吉祥物。

不少人喜欢在玄关摆放各种动物造型的工艺品，作为饰物摆设，但应谨记不可与户主的生肖相冲，以免有入门犯冲之虞。

↑玄关摆放的动物造型饰物忌与户主生肖相冲。

十二生肖相冲的情况

生肖属鼠	忌马	生肖属虎	忌猴	生肖属龙	忌狗
生肖属马	忌鼠	生肖属猴	忌虎	生肖属狗	忌龙
生肖属牛	忌羊	生肖属兔	忌鸡	生肖属蛇	忌猪
生肖属羊	忌牛	生肖属鸡	忌兔	生肖属猪	忌蛇

玄关风水吉祥物

许愿龙

许愿龙一共携带3个龙珠，它们分别是：情绪低落消沉时可以令人精神振奋的"金属龙珠"，用于特别许愿的"水晶龙珠"，提高恋爱运的"粉红水晶龙珠"。许愿龙象征开运、招财，可让人心想事成。

宜 许愿龙宜放置在房间的右侧

在需要许愿时最好将许愿龙放置在进入房间的右侧位置，每日将一杯洁净的水放在它的身边，就像对待自己饲养的宠物一样温柔细致地照顾它。这样，龙就会活跃在你的左右，给你带来所期望的运气。

忌 肖狗、兔者忌置许愿龙

生肖狗、兔者不适合摆放龙类制品，也不适合摆放带有龙图片的装饰品。

（7）镜子的安装

通常住宅在玄关安镜以作为进出时整理仪表之用，同时也可令玄关看来更加宽敞明亮。但若是镜子无端正对大门，则绝对不妥当。因为镜片有反射作用，会把从大门流入的旺气及财气反射出去，将财神拒之门外。

玄关的天花板也不宜张贴镜片。若玄关的天花板以镜片砌成，一进门抬头就可见自己的倒影，便有头下脚上、乾坤颠倒之感。这是风水上的大忌，必须尽量避免。

↑玄关镜子不宜正对大门。

（8）植物风水

玄关处的植物在室内风水中占有相当重要的作用。大型植物、有型有款的树木及盛开的兰花盆栽组合等都适用于玄关，但同时要注意有些品种是不宜放在家中的。如果玄关光线不佳、遭受穿堂风的吹袭、走道狭窄或少有方形的空间，则置放开花植物比形态特殊的植物更适合。另外，玄关与客厅之间可以考虑摆设同种类的植物，以便于连接这两个空间。

总之，玄关摆放植物要结合室内的整体布局、气温、光线、人员、风水等多种因素考虑，把玄关风水的优点发挥到最大。

↑玄关处的植物有很重要的风水作用。

第二节 客厅风水

客厅是介于私人与公开之间的聚会空间，是全家的日常活动中心。不管是作为家人共同休闲的场所，还是作为招朋待客之地，这里都是最受注目的焦点。最重要的是，客厅的布置影响整个家庭的运势。因此，不管是为了哪一个目的，都不能忽视此区域。

❶ 客厅的格局

为何有些房子一走进去就感觉到神清气爽、如沐春风，而有的房子走进去则感觉压抑沉闷、坐立不宁？问题就在于格局的优劣。四方宽敞、光线充足、布置协调的格局是住家上乘之选。

↑ 四方宽敞、光线充足、布置协调的格局是住家上乘之选。

客厅风水吉祥物

虎

虎具有辟邪、祛灾、祈福及惩恶扬善、发财致富、喜结良缘等多种神力。虎是四灵之一，象征二十八星宿中的西方七宿奎、娄、胃、昴、毕、觜、参，所以虎是西方的代表。因为西方在五行中属金，代表颜色是白色，所以管它叫白虎。在中国，白虎是战神、杀伐之神。

宜 镇宅辟邪宜置虎饰物

虎为百兽之王，是勇气和胆魄的象征，也象征秋季和西方。它可以镇宅辟邪，保佑安宁。虎是喜好孤独的动物，习惯独自行动的生活方式，因此虎是会危害人际关系的物品。另一方面，在家族群体里，虎又是重情重义的动物。在家庭中的大门、客厅等公共场所放置此物，具有改善父母与子女的关系以及夫妻关系的功效。

忌 卧室忌置虎饰物

虎具有安定家庭成员关系的作用，还可以平衡龙的能量。但是虎主刑杀，卧室里应避免摆放虎这样的猛兽，否则会带来不良的煞气。

客厅的格局，在形格上以"四隅四正"为本。正东、正南、正西及正北在方位学上被称为"四正"，而东南、西南、西北、东北则被称为"四隅"。所谓"四隅四正"，简单来说，就是指四方形，其次是长方形，第三才是横的长方形。

客厅中如有横梁，切记不可压住座位，并且天花板宜高不宜低。住宅内部尽量不要有太多尖角。

↑ 客厅若有横梁，切不可压座位。

❷ 客厅的色彩配置

颜色不但影响观感，也能影响情绪。客厅的颜色搭配虽然不一定要对应户主的五行，但必须要考虑客厅的方向，而客厅的方向主要是以客厅窗户的方向来定。

（1）东向客厅宜以黄色作主色

东方五行属木，乃木气当旺之地。按照五行生克理论，木克土为财，即是说土乃木之财。而黄色是"土"的代表色，故向东的客厅在选择客厅用的油漆、墙纸、沙发时，宜选用黄色系列，深浅均可。东向客厅若采用这种颜色，可收旺财之效。

↑ 东向客厅用黄色作主色可旺财。

（2）南向客厅宜以白色作主色

南方五行属火，乃火气当旺之地。按照五行生克理论，火克金为财。白色是"金"的代表色，故若要生旺向南客厅的财气，选用的油漆、墙纸及沙发均宜以白色为首选。另外，南窗虽有南风吹拂而较清凉，但因南方始终乃火旺之地，若是客厅采用白色这类冷色调来布置，可有效消减燥热的火气。

↑ 南向客厅用白色做主色可旺财、消减火气。

（3）西向客厅宜以绿色作主色

西方五行属金，乃金气当旺之地。按照五行生克理论，金克木为财，即是说木乃金之财。而绿色乃是木的代表色，故向西的客厅若是用这种颜色来布置，可收旺财之效。并且西向客厅下午的阳光甚为强烈，使用较清淡而又可护目养眼的绿色来布置，十分适宜。

↑ 西向客厅用绿色做主色可旺财。

（4）北向客厅宜以红色作主色

北方五行属水，乃水气当旺之地。而水克火为财，因此若要生旺向北客厅的财气，便应选用似火的红色、紫色及粉红色。无论是客厅的墙纸、沙发，还是地毯，均应以这三种颜色为首选。另外，冬天北风凛冽，向北的客厅较为寒冷，若是采用似火的红紫色，则可增添温暖的感觉。

另外，东南向客厅宜用黄色作主色，西北向客厅宜用绿色作主色，西南、东北向客厅宜用蓝色作主色。

↑ 北向客厅用红色作主色可旺财、增添温暖的感觉。

↑ 东南向客厅的主色宜用黄色。

↑ 西北向客厅的主色宜用绿色。

↑ 西南向和东北向客厅的主色宜用蓝色。

客厅风水吉祥物

如意吉祥

如意是我国传统的吉祥物，有木质、玉质等不同材质，可以用作居家摆设、礼品或者收藏之用，取其"吉祥如意"和"祈福纳祥"的意思。如意吉祥为凤凰立于如意玉上，凤凰代表吉祥和太平。

宜 居家空间宜置"如意古祥"

"如意古祥"吉祥物一般摆放在室内，祝福人们如愿以偿。

忌 "如意吉祥"摆放方位忌与材质属性相冲

一般木制的"如意吉祥"不要摆放在房间的正西、西北方位；金属类的不要摆放在正东、东南方位；玉制的不要摆放在正北、正东方、东南方位。

❸ 客厅的灯具

（1）吊灯

有些家庭会在客厅装上吊灯，有的吊灯甚至还附有雅致的风扇。但是在装这类灯之前，应该考虑房子的高度是否足够。风水学建议在挑高较高的房子才装这样的水晶灯，且避免装设附有风扇的灯。因为这种风扇在转动的时候会有黑影出现，容易使家人有危机，也会使人没有安全感。以科学角度来看，天花板太低的房屋若装设吊灯，易产生心理上的压迫感，而且灯太低，在跳跃或搬运东西时容易发生碰撞的危险。另外，转动的风扇所投射在天花板上的移动黑影，也有可能进入眼角余光，让人不自觉地分心。

如果选择水晶吊灯，能倍添宅运。因为水晶有开启宅运、逢凶化吉的功用，再加上灯光的提振，可发挥双重功效。

↑ 装吊灯的房子须天花板较高。

（2）日光灯

最常见的日光灯也需要注意安装的角度，应避免和大门成直角。因为在风水上，这样称作"箭冲"，容易有血光之灾，而且灯管越长，杀伤力越大。

↑ 日光灯应避免和大门成直角。

（3）嵌灯

有些室内设计师为了美化客厅天花板，或是为了掩藏突出的梁柱，会将墙壁沿天花板做出凹陷的空间，成为藻井的状态，有的甚至会在其中嵌入投射灯。这样的设计乍看之下虽然很有艺术感，但从风水的角度看，这样的灯光会变成"灯下黑"的状况，容易使家人精神不稳定以及没有安全感，应该尽量避免。

↑ 从风水的角度看，不主张在天花板四周嵌入投射灯。

❹ 客厅家具的摆放

家具布置大有讲究，不同的家具布置会给人不同的印象。客厅宜宽敞，方便家人生活，所以，客厅家具的摆设应根据其面积来定。客厅宜动线流畅，否则会影响客厅气的流通。

（1）沙发风水

沙发是日常用来休息、闲谈及会客的家具，因此，在客厅风水中，它占据了一个很重要的地位。在风水学上，沙发的摆放有如下宜忌：

①沙发背后宜有靠。所谓有靠，亦即有靠山，是指沙发背后有实墙可靠。如果沙发背后是窗、门或通道，亦等于背后无靠山。从心理学方面来说，沙发背后空荡荡，缺乏安全感。

倘若沙发背后确实没有实墙可靠，较为有效的改善方法是，把矮柜或屏风摆放在沙发背后，这称为"人造靠山"，亦会起到补救作用。但有一点必须注意，沙发背后不宜有水，因此不宜把鱼缸摆放在沙发背后。同理，在沙发背后的矮柜上摆放鱼缸等有水的装饰亦不适宜。

②沙发宜呈方形、圆形或带圆角。风水学认为，沙发是凝聚人气的风水家具之一，尽量以方正、圆形或带圆角为好。弧形沙发弯曲凹入的那面要朝向人，不可以逆对人。目前人们为了追求时尚，很多沙发没有靠背，这个倒无所谓，只要摆设在靠墙的位置便可以。但是现在有不少沙发、椅子做得稀奇古怪，各种新奇独特的形状均有。太离奇的沙发和不规则物件会产生一些不利的风水，万一放到不吉的位置，就会破坏气场，对家运不利。而呈方形、圆形或带圆角的沙发可以经得起旺衰气场的转换，能保持家运大吉大利。

↑沙发背后忌空荡。

↑沙发以圆形或带圆角为好。

③沙发背后不宜有镜。沙发背后有大镜子的话，人坐在沙发上，旁人从镜子中可清楚看到坐者的后脑，则大为不妙。若是镜子在旁而不在后，后脑不会从镜子中反照出来，那便无妨。

↑沙发背后不宜有大镜子。

④沙发忌一套半或方圆拼凑。客厅沙发的套数是有讲究的，从风水角度来看，最忌一套半，或是方圆两种沙发拼在一起用。

↑客厅沙发忌一套半或方圆拼凑。

⑤沙发忌横梁压顶。睡床有横梁压顶，受害的只是睡在床上的一两个人，但若是沙发有横梁压顶，则受影响的就是一家人，影响甚大，所以要尽量避免。如果确实无法避免，则可在沙发两旁的茶几上摆放开运竹来化解横梁压顶。

⑥沙发忌与大门对冲。沙发若是与大门成一条直线，风水上称之为"对冲"，弊处颇大。遇到这种情况，最好是把沙发移开，倘若无处可移，那便只好在两者之间摆放屏风，这样

一来，从大门流进屋内的气便不会直冲沙发。而沙发若向房门则不会有什么大碍，当然也没有必要摆放屏风来化解。

⑦沙发忌灯直射。有时沙发范围的光线较弱，不少人会在沙发正对的天花板上安放灯饰。例如，藏在天花板上的筒灯，或显露在外的射灯等。因太接近沙发，灯光往往从头顶直射下来。这在风水上不宜，应尽量避免。

⑧家具忌侧对沙发。通常会客时都会用到沙发，因此沙发也是凝聚人气的地方。一般不宜将家具的侧面或床头对着沙发，否则会影响家庭和睦，不利人际关系。

⑨沙发顶上的字画忌直条形。沙发顶上的字画宜横不宜直，若沙发与字画形成两条平行的横线，那便可收到相辅相成之功效。因沙发给人的感觉是横着的，若字画为直，则会相冲、相克，不可取。

⑩沙发不宜两两相对。一些建筑面积较大的住宅，比如别墅或复合式住宅，客厅的空间一般都比较大，主人喜欢在客厅中放置一定数量的沙发。其实，客厅中的沙发不宜过多，以二、三件为宜，数量过多，势必导致沙发在放置位置上两两相对情形的出现。从心理学和"家相学"的角度来看，这样容易产生居住者难以沟通、意见分歧，甚至导致口舌纠纷。

⑪沙发背后忌摆鱼缸。从风水角度来看，以水作为背后的靠山是不妥当的，因为水性无常，倚之作为靠山，难求稳定。因此把鱼缸摆在沙发背后，一家大小日常坐在那里，便会无山可靠，影响宅运的安定。若是把鱼缸放在沙发旁边，则对住宅风水并无妨碍。

（2）茶几风水

茶几是喝茶的地方，风水学认为，茶有水，水是旺财之物，茶几若能布局在居室的生气、延年、天医或当令飞星位，不但可以带来好的家运，还能催财、旺财。

①茶几的摆放。

茶几大多摆放在客厅，与沙发相配。但茶几不一定要摆放在沙发前面的正中央处，也可以放在沙发旁、落地窗前。茶几的高度一般与沙发坐面齐平。原则上，茶几腿和沙发的扶手与脚的风格一致为佳。

茶几忌摆放在居室的凶位。茶几上一般会摆放一些茶叶、水果等物品，这些物品属于吸气的风水物。茶水既属于吸气风水物，同时也属于旺财物，具有动性性质。若将茶几摆设在居室的凶方，则此处"凶"的讯号将激发得动起来，产生诸多不利家宅的因素。

↑茶几一般与沙发座面齐平。

②茶几的尺寸。

茶几不宜过大。如果茶几面积过大，则有喧宾夺主之嫌，这样的格局，并非吉兆。最简单的化解之法是更换茶几。茶几的尺寸一般是长1070毫米，宽600毫米，高400毫米，即平沙发座位高。这样，空间看起来也显得较宽敞。

↑茶几的尺寸要适宜。

客厅风水吉祥物

龙凤呈祥

"龙凤呈祥"象征高贵、华丽、祥瑞、喜庆。在中国传统的吉祥图案中，《龙凤呈祥》是最好看的。画面上，龙、凤各居一半，龙是升龙，张口旋身，回首望凤；凤是翔凤，展翅翘尾，举目眺龙，周围瑞云朵朵，一派祥和之气。龙有喜水、好飞、通天、善变、灵异、征瑞、兆祸、示威等神性，凤有喜火、向阳、秉德、兆瑞、崇高、尚洁、示美、喻情等神性。神性的互补和对应，使龙和凤走到了一起。两者之间美好的互助合作关系一建立起来，便"龙飞凤舞""龙凤呈祥"了。

宜 增强祥瑞宜置"龙凤呈祥"

龙和凤都是传说、想象中的动物，不仅形象生动、优美，而且被赋予了许多神奇的色彩。龙能降雨，寓意丰收，又象征皇权；凤凰风姿绰约形象高贵，是人们心目中吉祥幸福的化身。

忌 "龙凤呈祥"忌置右方

龙凤呈祥在摆放上要注意，不要放在右边。右白虎左青龙，左边是最理想的放置方位。

③茶几的形状。

茶几的形状以长方形及椭圆形最理想，圆形亦可。三角形的茶几不可选用，因为一旦碰上，很容易受伤。

（3）组合柜风水

风水学上以高者为山，低者为水。客厅中有高有低、有山有水才可产生风水效应。以客厅而论，理想的搭配是低沙发、高组合柜。低的沙发是水，而高的组合柜是山。但倘若采用低组合柜，则沙发与组合柜均矮，这便形成有水无山的格局，必须设法改善。因此，组合柜在摆设时，应注意以下问题：

①组合柜有高有矮、有长有短，难以一概而论。一般来说，大厅宜用较高、较长的柜，而小厅宜用较矮、较短的柜，务求大小适中。

②摆放在低组合柜上的鱼缸，面积不宜太大，而形状则以长方形为宜。

③高组合柜除了可摆放电视及音响器材之外，还可在上层摆放各式各样的饰物，既整齐美观又实用。

④倘若在小厅中必须采用齐顶的高身柜，灵活变通的方法是可以改用中空的高身柜。这种柜的特点是下重上轻而中空。所谓"下重"是指组合柜的下半部所占空间较大，而"上轻"是指柜的上半部所占空间较小，"中空"则是指柜的中部留空。柜的下半部可储放书籍杂物，宜有木门遮掩；上半部的空格则可摆放古玩及各式各样的收藏品；至于中空的部分，则可摆放电视机以及音响器材。

⑤短组合柜两边宜用植物填补。如果客厅面积大，而摆放的柜子很短，造成组合柜两边太多空位，显得过于空疏，旺气流到那里便会易泄难聚。遇到这种情况，可用两盆高壮的阔叶植物，如橡皮树、发财树、棕竹等植物来填补空间，对招财纳气均有帮助。

⑥组合柜不宜过长。

↑组合柜大小应与客厅大小相适宜。

↑短组合柜两边宜用植物填补。

（4）电视机风水

从风水角度来看，电视机最好摆放在西方，在看电视的时候，坐东向西，或坐东南向西北。

电视机与沙发相对放置时，距离一般在2米左右，切忌距离太近。否则，电视机屏幕在工作时发出的X射线对人体会有影响。

电视机旁不宜摆放花卉、盆景。这是因为：电视机旁摆放花卉、盆景，一方面，潮气对电视机有影响；另一方面，电视机的X射线的辐射，会破坏植物生长的细胞正常分裂，以致花木日渐枯萎、死亡。

另外，电视机不宜与大功率音箱和电风扇放在一起，否则，音箱和风扇将振动传给电视机，容易将机内显像管灯丝震断。

↑电视机最好摆放在西方。

（5）音箱风水

音响器材的摆放，以音箱的摆放最为重要。音箱靠墙放时应特别注意，因为墙角会形成"驻波"，也就是部分音波（尤其是低频）不断折射，干扰声音，让声音听起来不清晰。如果在墙角堆放一些过期杂志，就能产生吸收驻波的效果。

如果家中是水泥墙和以水泥或瓷砖、水磨石铺就的地板，就更要留心音箱的摆放。因为它们容易造成音波过度反射或折射，使高音听起来太高，低音轰隆隆吵成一团。这时，就要考虑用吸音材料。窗帘是不错的吸音材料，地毯也可以吸音。

如果房屋的空间条件不允许，只能把一个音箱靠墙放，另一个离墙很

远，那么就可以采用这种权宜之策——把书橱、酒柜等家具放在离墙较远的一边，让那边的音波有"靠山"可以折射。

在一般的居家中，理想而不伤神的音箱摆放方式是：音箱之间的距离在2米左右，中间没有任何东西，每个音箱和侧墙、背墙的距离在0.5米以上，通常距离越远越好，聆听者所坐位置和两个音箱成等边三角形，音箱正面微微朝内，对着聆听者。

↑音箱的摆放要兼顾风水效应及音响效果。

客厅风水吉祥物

龟形饰品

龟是四灵中唯一存在于现实的动物，也是所有动物中寿命最长的。人们不仅把龟当作健康长寿的象征，也认为它具有预知未来的灵性。古代的府第、庙宇、宫殿等建筑物前常设有石龟，作为祈求长寿的象征。龟甲形似凸面镜，又似弧线，被认为具有弹击、趋散房屋中不吉之气的能量。

宜 化解倾斜天花板宜用龟形饰品

风水学认为倾斜的天花板会打乱空间环境，不宜居住。如果在这样的天花板下生活，不仅空气不流通，而且容易产生事论和口舌，使人无法生活舒适愉快。如要化解从顶棚或天花板上滋生的不吉之气，可以使用龟形饰品。现今非常流行的有高台斜面（复式）的房屋，非常有必要使用它。可在天花板上摆放龟形饰品，或直接在地板上放置几只。

忌 肖狗、兔、龙者忌摆放龟形饰品

生肖为狗、兔、龙的人，摆放龟形饰品不适合。这三个生肖的人也不宜在家养龟，否则会带来不好的运气。

（6）地毯风水

地毯是改变家居风水最简单的饰品。由于地毯经常覆盖面积大，在整体效果上占有主导地位，所以除了利用地毯的颜色和图案等引进好的气场来提升运气外，对于地毯摆放的方位也要特别讲究。

①沙发前的地毯：其重要性相当于住宅前用以纳气的明堂，也相当于屋前的青草地，设置时需注意：

宜选用色彩缤纷的地毯，以红色或金黄色为主色较为吉利；

构图和谐、色彩鲜艳明快、令人赏心悦目的地毯为最佳选择；

色彩单一的地毯过于冷清，会使客厅显得毫无生气，不利于气的聚集，尽量不要使用。

②地毯的质地：若采用致密厚实的质地，在冬季能减缓空气的流动，调节室内小气候。

③地毯的颜色：地毯的颜色若能搭配得宜，会使厅堂产生不同的气场与空间上的变化，故可运用地毯的颜色使家宅开运。

④地毯的图案：一般图案都有自己的五行属性，如波浪形状五行属水，直条纹属木，星状、棱锥状图案属火，格子图案属土，圆形属金，其配合方位与颜色进行放置可带来好运势。

⑤地毯与大门方位：如果大门开在南方，由于其开运颜色是红色，又因为南方属火，若能在此方位摆放直条纹或星状图案的红色地毯，可使家人充满干劲，名利双收。

如果大门开在东方、东南方，由于其开运颜色是绿色，又因为东方与东南方五行属木，而绿色是树木的主颜色，有生气勃勃的意义，在此方位铺设波浪或直条纹图案的绿色地毯，对家运与财运有正面的催化作用。

如果大门开在西南方、东北方，由于其开运颜色是黄色，又因为西南方、东北方五行属土，而黄色在中国代表尊贵、财富，同时此方位是主导智慧与婚姻，若能在此方位放上星状图案的黄地毯，即能带来旺盛的财运，使婚姻和美。

如果大门开在西方、西北方，由于其开运颜色是白色、金色，又因为白色与金色象征高贵与纯洁，若能在此方位铺放格子图纹的白色或金色地毯，可带来贵人运与财运，也可增加小孩的读书运。

如果大门开在北方，由于其开运颜色是蓝色，又因为北方掌管事业，若想找个好工作或增进事业运，可在客厅的北方放置圆形或波浪圆形的蓝色地毯，有利事业的蓬勃发展。

❺ 客厅尖角的化解

由于建筑设计方面的原因，许多现代住宅的客厅存在着尖角，这会对居住者构成压力，对住宅风水影响甚大。即使从住宅美学的角度来看，亦要多费心思，否则便会令客厅失去和谐统一。化解尖角有以下几种办法：

①用木柜来把尖角填平，高柜或地柜均可。

②把一盆高大而浓密的常绿植物摆放在尖角位，有助于消减尖角对客厅风水的影响。

③在客厅的尖角位摆放鱼缸是甚好的化煞之道，因为鱼缸的水可消减尖角的煞气，令这角位的气大有回旋余地。这不但符合风水之道，而且可以美化家居景观。

④以木板将尖角填平。例如，以木墙将尖角完全遮掩起来，然后在这堵新建的木板墙上悬挂一幅国画，最好是山水画，以高山来镇压这尖角位。这样一来，既美观，又有化煞之效。

⑤把尖角中间的一截掏空，设置一个弧形的多层木制花台，放几盆植物，并搭配一些小饰品，且用射灯照明。这样，既避免了以尖锐示人，也能使家中生趣盎然，由此化弊为利，成为家中的一个观景亮点。

↑ 可用木柜将尖角填平。

第三节
卧室风水

卧室与床与人们的生活息息相关。卧室与床位布局精当，讲究得法，则气能生动，"性趣"盎然，正所谓"卧室向吉方，享乐又健康"；若布局失当，犯冲犯忌，则轻者精神不振如病猫，性生活单调乏味，重者则殃及后代，或因性生活不谐而夫妻反目。

❶ 卧室的格局

如果是复式或别墅户型，要注意卧室不可设在厕所的下方，也不宜设在车库的上方，并且不可把改建后的阳台设计成卧室。卧室的形状最好方正，不宜狭长，这样才有利于通风。卧室门不可正对厨房门，防止其湿热之气与卧室内气流对流。卧室门不可正对厕所，因为厕所的秽气与水气极易扩散到卧室中，而卧室中多为吸湿的棉布制品，会令环境更加潮湿。卧室门也不宜两两相对，两两相对的卧室门被称为"相骂门"，会导致家里多口角。卧室里的入墙柜或横跨整幅墙的大柜应能够储存所有的衣物，有助于卧室的整齐有序，也符合"归藏于密"的原理。

卧室的墙体、家具等不宜选用太多的圆形。风水学认为，方形代表稳定，圆形主"动"。卧室若以圆形为主，给人不稳定、不安宁的感觉，对心理健康尤为不利。从心理角度看，方也比圆要稳重。

↑卧室宜方正不宜狭长。

② 主卧室的布局

（1）带卫生间的主卧室布局

现代家庭经常将主卧设计成带卫生间，这样虽然方便、时尚，但从生活环境学的角度讲，这并不是好设计。卫生间里常常会使用到水，会产生很多湿气。这里的湿气很容易进入到卧室中，使床褥变得潮湿。长时间睡在潮湿的床褥上，会使人容易疲倦、腰背酸疼，严重的还会引发疾病。

化解的方法是：将床远离卫生间、不正对着卫生间的门口摆放。如果主卧有足够的空间，就可在卫生间的门口摆放屏风，并且尽可能在不使用卫生间时关上门。还可以在卫生间里放上两盆泥栽的观叶植物，它们能吸收一部分湿气，使卫生间干爽一些。这些方法的目标都是尽量减少卫生间里的湿气进入到卧室中，保持卫生间的干爽，有利于这个目标的方法都可以尝试一下。

↑ 主卧带卫生间不利健康。

（2）带阳台或落地窗的主卧室

睡在带有阳台或落地窗的卧室中，会使人觉得睡眠不足，早晨醒来感觉很疲倦，有些人睡在这样的房间里还容易出现失眠的情况。

曾有科学家通过特殊的摄影方法拍下人体的能量场光谱，发现带阳台的卧室里的能量场比不带阳台的卧室的能量场要弱一些，上述现象的原因也在于此。带有阳台或落地窗的卧室聚集能量的能力弱，在此种卧室中睡觉的人就会消耗掉更多的能量，因此，早晨醒来会觉得很累，失眠的原因也是如此。并且，这样的房间隔音的效果也相对差一些。

↑ 带阳台的主卧室布局不利于睡眠。

③ 卧室的颜色

卧室的墙面尽可能不用玻璃、金属与大理石等材料，而是使用油漆。这样既避免睡觉时能量被反射，又利于墙体呼吸。并且颜色应以柔和为主，使人感觉平静，有助于休息。卧室也不宜采用白色大理石，否则会有空虚和不实在的感觉，还会令人产生寒冷的感觉。未婚女性的卧室，以清爽的暖色系（粉红、鹅黄、橙、浅咖啡）为佳，如果选用冷色调（白、黑、蓝），就会降低桃花运。

根据五行的原理，卧室方位与颜色有以下的对应关系：

卧室方位	颜色
东、东南	绿色、蓝色
南	淡紫色、黄色、黑色
西	粉红色、白色、米色、灰色
北	灰白色、米色、粉红色、红色

卧室方位	颜色
西北	灰色、白色、粉红色、黄色、棕色、黑色
东北	淡黄色、铁锈色
西南	黄色、棕色

↑ 根据五行原理，东方、东南方卧室宜用绿色、蓝色。

↑ 根据五行原理，南方卧室宜用淡紫色。

↑ 根据五行原理，西方卧室宜用白色或米色。

↑ 根据五行原理，北方卧室宜用红色。

❹ 安床的十大讲究

床是卧室内最重要的器具，是人们休息、睡眠的场所，而且与子孙繁衍息息相关。正由于床在人的一生中占有重要的位置，因此床位的摆放极其重要。具体来说，卧室安床有以下十大讲究。

①床的高低应合适。关于床的高低，一般以略高于就寝者的膝盖为宜。太高则上下吃力，太低则弯腰不方便。切记床不可贴地，床底宜空，勿堆放杂物，否则不通风、易藏湿气，会导致腰酸背痛。

↑ 床的高低应合适。

卧室风水吉祥物

见龙在田

见龙在田，长约22厘米，为原始纯铜（挖掘出来后不经过深加工，保留原始地气和磁场能量）所制。

宜 餐饮招财宜置见龙在田

"见龙在田"为餐饮宾馆招财专用，也可作为与田地相关的行业的招财之用，如蔬菜、水果、花草、植被、家具等行业，可安放在卧室、书桌、老板桌以及写字台的左边。

忌 肖狗、兔者忌置见龙在田

"见龙在田"的使用禁忌主要体现在生肖的冲克上。生肖为狗、兔的人与龙不合，建议不要摆放"见龙在田"，会有不好的冲克。

②床应位于卧者可以自床上看见卧室的门与窗的位置，并且在黎明时分，会有阳光照射到床上，有助于吸收大自然的能量。

③床头不能靠门。如果迁就卧室有限的空间，而把床位放在大门旁，就犯了卧室的大忌。

④床位最好选择南北朝向，顺合地磁引力。头朝南或北睡眠，有益于健康。因为人体的血液循环系统中，主动脉和大静脉最为重要，其走向与人体的头脚方向一致。人体处于南北睡向时，主动脉和大静脉朝向、人体睡向和地球南北的磁力线方向三者一致，这时人就最容易入睡，睡眠质量也最高，因此南北睡向具有一定的防病和保健功能。床头不可朝西，因为地球由东向西自转，头若朝西，血液经常向头顶直冲，睡眠较不安稳。如果头朝东睡，就会有一种安宁的感觉。

⑤床头宜实不宜虚。床头应该靠墙，不可靠窗。床如果不靠墙的话，床头必须有床头板，令头部不致于悬空。并且，床头后面不可是厕所或厨房。

⑥床不可对门，以免被外人一览无遗，毫无私密性和安全感可言，以及影响休息。如果遇房门相冲，则可以用屏风来挡门，这样不仅阻隔了床门相冲，同时也维护了卧室的私密性。

⑦不可有横梁压床，以免造成压抑感及损害人的身心健康。此类情况还包括不可有横梁压卧室门、分体空调室内机不可悬挂于枕头位上方、睡床正上方不可悬挂吊灯等。

⑧床不可对镜。因为半夜起床时，人在半梦半醒之间，容易被镜中影像所惊吓；其次人在入睡时，气能最弱，而镜子是反射力极强的物体，易将人体的能量反射出去。特别是年轻夫妇，如果卧室镜对床，长此以往，易患不育症。如果睡房中有镜子对床，可在晚上盖住它或把它转向墙壁，当然最好的办法是将镜子镶嵌在卧室衣柜内部，照镜时打开，平时不用时将门合上。

⑨床头柜应高于床。有利于提升睡眠者之智慧，并提高睡眠质量。

⑩枕头位两侧不可被柜角或橱角、书桌、化妆台冲射，否则易患偏头痛。叶子尖长的植物、方形或长方形的家具不能太靠近睡床。

↑尖形植物或家具不宜靠近睡床。

⑤ 主卧室吉方位

根据九宫飞星及紫微斗数原理，结合阴阳五行及八宅流年法，现将主卧室的八种主要方向与户主的农历出生年对照，将其影响列出。读者可以按照以下表格适当调配卧室方向，以期做到"卧室向吉方，发财又健康"。

↑卧室设在吉方位，可保平安和旺运。

甲子年	
东	子孙昌盛
南	先泰后否
西	长女运滞
北	家业平平
东南	诸事如意
西南	心胃有疾
西北	肺部不妥
东北	注意眼目

丁卯年	
东	子孙昌盛
南	不利中女
西	家人平安
北	家业凋零
东南	财运兴隆
西南	子孙外散
西北	子女忠孝
东北	注意保健

乙丑年	
东	子贵孙荣
南	贵人助力
西	不利长男
北	宅运无常
东南	四季如意
西南	阴盛阳衰
西北	不利咽喉
东北	是非缠身

戊辰年	
东	事业兴盛
南	次女欠安
西	妇女血疾
北	不利次男
东南	人丁迁徙
西南	子孙兴旺
西北	家道中落
东北	人口平安

丙寅年	
东	身心欠佳
南	宅运平平
西	女掌男权
北	驿马星动
东南	皮肤有疾
西南	不利母亲
西北	业务停滞
东北	胃口欠佳

己巳年	
东	身体欠佳
南	家业不振
西	大旺女性
北	腹胃小疾
东南	财源广进
西南	不利父母
西北	生意退败
东北	操劳过度

卧室风水吉祥物

财帛星君——文财神

财帛星君高约32厘米，由原始纯铜（挖掘出来后不经过深加工，保留原始地气和磁场的能量）所制。财帛星君经过正规开光，由道家符咒文化处理过，具有较强的能量和作用。

宜　招财宜置财帛星君

财帛星君是中国最常见的财神之一，大江南北各地均可供奉，因为是天上之神，必须开光才有效。可将其对着主卧室大门安放，切勿正对大门。文财神的摆放宜面向屋内，这样才可以"引财入屋"，增添家庭的财运。

忌　文财神忌对卫生间或鱼缸

文财神不宜正对厕所或鱼缸，否则引财入屋后，又会见财化水。

庚午年	
东	妇人当家
南	子运不济
西	家人平安
北	事业坎坷
东南	肝火过旺
西南	财运亨通
西北	事业有成
东北	子荣孙贵

癸酉年	
东	子孙兴旺
南	易惹是非
西	宅运平安
北	家宅无主
东南	百事大吉
西南	事业稳健
西北	心肺衰弱
东北	人丁单薄

丙子年	
东	子女吉祥
南	亲戚拖累
西	人口平安
北	家业渐衰
东南	财源广进
西南	人丁不旺
西北	万事如意
东北	身体欠安

辛未年	
东	运气反复
南	不利宅主
西	贵人助力
北	人口迁徙
东南	破财免灾
西南	生活平淡
西北	男弱女强
东北	一帆风顺

甲戌年	
东	人丁兴旺
南	祸从口出
西	不利长子
北	事业如意
东南	诸事顺利
西南	守成之宅
西北	养身有道
东北	安闲度日

丁丑年	
东	事业大盛
南	不利远行
西	女性多疾
北	不利次男
东南	人丁不旺
西南	子孙兴旺
西北	家业渐衰
东北	家人平安

壬申年	
东	身体欠佳
南	家业凋零
西	贵人助力
北	不利女性
东南	易感风寒
西南	母亲多病
西北	事业平稳
东北	疾病丛生

乙亥年	
东	血光之灾
南	起落不定
西	平安进步
北	不利女性
东南	体弱多病
西南	水肿之疾
西北	功败垂成
东北	不利宅主

戊寅年	
东	守成之宅
南	宅运无常
西	家业兴旺
北	女主有恙
东南	胃部之疾
西南	不利女性
西北	多子多福
东北	注意腹病

己卯年

东	女掌男权
南	不利小女
西	万事如意
北	事业坎坷
东南	留意心脏
西南	诸事如意
西北	人丁兴旺
东北	岁岁平安

壬午年

东	子孙兴旺
南	不利置业
西	长女欠佳
北	事业吉祥
东南	宅兴人和
西南	留意心胃
西北	眼目有疾
东北	事业平平

庚辰年

东	宅运无常
南	不利宅主
西	常有是非
北	事务多变
东南	兴旺持久
西南	守成之业
西北	女掌男权
东北	警惕小人

癸未年

东	诸事顺利
南	祸从口出
西	不利次女
北	事事如意
东南	身体健康
西南	守成之宅
西北	肺目有疾
东北	发展欠佳

辛巳年

东	注意饮食
南	小有损伤
西	岁岁平安
北	不利女性
东南	小病不断
西南	不利长子
西北	常守孤寂
东北	血光之灾

甲申年

东	身体欠佳
南	居安思危
西	守成之宅
北	难成大业
东南	事业大吉
西南	不利女性
西北	志在四方
东北	家业兴旺

卧室风水吉祥物

长寿桃木剑

长寿桃木剑最长约为88厘米，使用纯桃木，人工加工而成，经正规开光处理。桃木剑最初用于辟邪，如家宅、店铺遇到邪祟之事，或离丧葬场所较近，或家中有病人长期不愈，又诊断不明，则可在大门两边挂桃木剑来辟邪。

宜 长寿桃木剑宜挂老人卧室

长寿桃木剑是一款专门为老人设计的桃木剑，天然桃木加上长寿花纹，既可驱邪，又有延年益寿之功效。一般可将其挂在老人卧室，对着床位挂在墙上最好，有疾病者安放最佳，无病者亦可强身健体。

忌 长寿桃木剑忌正对人的头部

天然雕刻的桃木剑不要放到金属器具里保存，也不要将剑正对人的头部摆放。还要注意，剑身不要挂得超过人头高，或挂在床的正上方。

乙酉年	
东	不利子孙
南	次女运佳
西	家人平安
北	事业渐衰
东南	宅兴人和
西南	家业大吉
西北	事事平淡
东北	心胃有疾

戊子年	
东	女掌男权
南	略有是非
西	宅运平安
北	不利女性
东南	不利女性
西南	财源广进
西北	事业守成
东北	家人平安

辛卯年	
东	家人平安
南	置业坎坷
西	家业可守
北	宅运无常
东南	诸事如意
西南	事业守成
西北	注意胸肺
东北	心胃有疾

丙戌年	
东	家业大吉
南	不利女性
西	守成之业
北	不利次男
东南	人丁外散
西南	万事如意
西北	女性血疾
东北	人丁兴旺

己丑年	
东	宅运无常
南	不利宅主
西	女人当权
北	财源广进
东南	吉祥如意
西南	事业平安
西北	吉中有逆
东北	提防小人

壬辰年	
东	子媳吉祥
南	时有是非
西	不利长子
北	事业如意
东南	家业兴旺
西南	业务平稳
西北	筋骨有疾
东北	人口外散

丁亥年	
东	事业守成
南	横财到手
西	家业兴旺
北	破财消灾
东南	女人当权
西南	财运亨通
西北	事业平平
东北	家人平安

庚寅年	
东	事业可守
南	多路求财
西	事业平安
北	时时迁徙
东南	注意保健
西南	不利女性
西北	平安度日
东北	事业平常

癸巳年	
东	业务可守
南	身心健康
西	守成之宅
北	不利女性
东南	注意身体
西南	事业大吉
西北	子孙平安
东北	不利母亲

甲午年	
东	儿孙满堂
南	不利次女
西	家人平安
北	事业渐退
东南	财源茂盛
西南	宅运守成
西北	产业可守
东北	注意健康

丁酉年	
东	女人当权
南	家人平安
西	合家欢乐
北	多路求财
东南	注意心脏
西南	财源兴旺
西北	事业发达
东北	吉祥如意

乙未年	
东	事业顺利
南	女人当权
西	事业有成
北	家业兴旺
东南	人丁不旺
西南	宅运吉祥
西北	女性血疾
东北	诸事大吉

戊戌年	
东	宅运无常
南	不利宅主
西	警惕小人
北	人丁不旺
东南	宅兴人和
西南	守成之宅
西北	女人当权
东北	警惕小人

丙申年	
东	守成之业
南	大器晚成
西	家宅兴旺
北	人口迁徙
东南	胃脾之疾
西南	宅兴人和
西北	子孙不和
东北	不利幼儿

己亥年	
东	宅兴人和
南	宅运无常
西	事业守成
北	不利女性
东南	留意保健
西南	平安如意
西北	平平淡淡
东北	家人平安

卧室风水吉祥物

寿桃

　　寿桃象征延年益寿、保健长寿、年年有今日，常被作为贺寿佳礼。传说天上王母娘娘的桃园里种的仙桃，三千年开一次花，三千年结一次果，吃一枚就可延年益寿，因此，人们称此桃为寿桃。

宜 **寿桃宜置年长者的居室**

　　寿桃一般摆放在年长者的居室，有添寿、增福之功效。

忌 **寿桃忌放在儿童房**

　　儿童天真无邪，将寿桃放在儿童房，不但会让孩子对成长产生恐惧感，而且可能让孩子的心理年龄与实际年龄不符。

庚子年	
东	人丁兴旺
南	宅运无常
西	不利宅主
北	事业平平
东南	诸事如意
西南	事业平稳
西北	留意肺部
东北	近视眼疾

癸卯年	
东	子孙有成
南	不利次女
西	平安人旺
北	宅运无常
东南	事业亨通
西南	宅业尚佳
西北	事业有成
东北	家境不安

丙午年	
东	事业如意
南	守成之宅
西	宅兴人和
北	女性多病
东南	阴盛阳衰
西南	鹏程万里
西北	人口安康
东北	家宅平安

辛丑年	
东	产业有成
南	平安之宅
西	子运不济
北	男弱女强
东南	安居乐业
西南	人财两空
西北	事业平稳
东北	守成之业

甲辰年	
东	财运亨通
南	守成之宅
西	家业难守
北	红鸾星动
东南	人丁单薄
西南	守成之宅
西北	妇人血疾
东北	可守旧业

丁未年	
东	先吉后凶
南	不利宅主
西	多有烦事
北	家人有疾
东南	家运破败
西南	守成之宅
西北	持家有道
东北	慎防小人

壬寅年	
东	宅内平安
南	志在四方
西	不利经商
北	多有迁徙
东南	略带小疾
西南	如意平安
西北	艺文俱佳
东北	家人吉祥

乙巳年	
东	家宅兴旺
南	宅运无常
西	鹏程万里
北	不利女性
东南	注意健康
西南	平安如意
西北	人丁亦佳
东北	守成之宅

戊申年	
东	吉祥如意
南	时好时坏
西	守成之宅
北	不利女性
东南	留意保健
西南	人财俱吉
西北	岁月安康
东北	诸事如意

己酉年	
东	人丁兴旺
南	不利次女
西	不利长女
北	日渐消退
东南	兴旺之宅
西南	事业如意
西北	留意眼疾
东北	人丁不利

壬子年	
东	循序渐进
南	不利次女
西	家境平稳
北	事业有成
东南	吉庆有余
西南	先人余荫
西北	事业如意
东北	勤勉度日

庚戌年	
东	家业大成
南	守成之宅
西	事业守成
北	财运吉祥
东南	财运吉祥
西南	事业平淡
西北	留意肺部
东北	事业如意

癸丑年	
东	如日中天
南	家有贤妻
西	家业亨通
北	不利次男
东南	人丁渐稀
西南	满门吉庆
西北	命带桃花
东北	事业兴旺

辛亥年	
东	宅可守成
南	福禄不全
西	不利经商
北	出外求财
东南	留心保健
西南	人财两空
西北	艺文俱成
东北	安身利命

甲寅年	
东	守业有成
南	次女体弱
西	家业兴旺
北	事业勉强
东南	脾胃有疾
西南	事业如意
西北	双妻之格
东北	人丁欠佳

卧房风水吉祥物

福袋

福袋长约4厘米，为信用卡的二分之一大小，经佛家高僧开光处理。福袋内装有经文、宝石、檀香粒、古钱、粗盐等，象征智慧，驱邪、招财、结缘等。

宜 保健康、平安宜使用福袋

福袋可随身携带，也可放置于车内。将其挂在床头，可保健康、平安。如果小孩使用，可令小孩健康成长。

忌 肖鼠者忌使用福袋

福袋的使用禁忌主要表现在生肖上，因福袋与鼠相克，所以属鼠者不宜使用。

乙卯年	
东	妇女主事
南	守业之宅
西	万事如意
北	是非不断
东南	小病常患
西南	横财到手
西北	人丁欠佳
东北	生活平安

戊午年	
东	福星高照
南	先苦后甜
西	不利长子
北	盛极必衰
东南	多元发展
西南	守成之宅
西北	留意眼疾
东北	心胃有病

辛酉年	
东	五子登科
南	不利次女
西	事业平常
北	众叛亲离
东南	财源茂盛
西南	守成之宅
西北	添丁旺财
东北	家庭平安

丙辰年	
东	先福后祸
南	不利宅主
西	女人当权
北	略有是非
东南	出国之运
西南	守成之宅
西北	勤勉度日
东北	筋骨有病

己未年	
东	诸事如意
南	先吉后凶
西	守业有成
北	妇人当权
东南	岁月安康
西南	碌碌无为
西北	勤勉度日
东北	身心疲惫

壬戌年	
东	事业大兴
南	阴盛阳衰
西	家业守成
北	不利次男
东南	家境没落
西南	富贵之居
西北	红颜薄命
东北	事事如意

丁巳年	
东	事业不前
南	宅运反复
西	守成之宅
北	家门不幸
东南	身体欠安
西南	事事如意
西北	金榜题名
东北	贵人相助

庚申年	
东	事业平凡
南	时好时坏
西	安度岁月
北	劳碌奔波
东南	双喜临门
西南	吉祥如意
西北	德才兼备
东北	大吉大利

癸亥年	
东	人丁稀少
南	家运不稳
西	家业兴旺
北	奔波劳碌
东南	事业有成
西南	心想事成
西北	四方大利
东北	财运亨通

第四节
书房风水

一般情况下，书房追求的是实用、简洁，并不一定要昂贵投资。"书中自有黄金屋"，对于一个爱书的人来说，有一间安静、雅致的书房是再好不过的事情。下面就对书房风水作一些具体的要点阐述。

① 选定文昌位

书房最重要的是选定文昌位。"文昌"是天上二十八星宿之一，又称文曲星，专司天下读书人的功名利禄。文昌位即文昌星飞临入宅的方位。书房或书桌设于文昌位，则对于读书考试、写作、筹划均会有裨益。住宅的文昌位由住宅的坐向来确定，同时还要考虑文昌位会随流年而变化。

文昌位

宅卦	坐 向	文昌位
震宅	坐东向西	西北方
巽宅	坐东南向西北	正南方
离宅	坐南向北	东南方
坤宅	坐西南向东北	正西方
兑宅	坐西向东	西南方
乾宅	坐西北向东南	正东方
坎宅	坐北向南	东北方
艮宅	坐东北向西南	正北方

❹ 书房装修

　　随着生活品位的提高，书房已经是许多家庭居室中的一个重要组成部分，越来越多的人开始重视书房的装修。在装修书房时，我们可以从这几个字上得到启发，即"明"、"静"、"雅"、"序"。

（1）明：书房的照明与采光

　　书房作为读书写字的场所，对于照明和采光的要求很高。因为人眼在过强或过弱的光线中工作，都会对视力产生很大的影响，所以书桌最好放在阳光充足，但不受其直射的窗边。这样，在工作疲倦时可从窗远眺，休憩养神。书房内一定要设台灯和书柜专用射灯，以便于阅读和查找书籍。台灯的光线要均匀地照射在读书写字的地方，不宜离人太近，以免强光刺眼。长臂台灯特别适合书房照明。

↑书房内宜置放台灯和书柜专用射灯。

（2）静：修身养性之必需

　　安静对于书房来讲是十分必要的，因为人在嘈杂的环境中工作的效率要比在安静的环境中低得多。所以，在装修书房时要选用那些隔音、吸音效果好的装饰材料。天棚可采用吸音石膏板吊顶，墙壁可采用PVC吸音板或软包装饰布等装饰，地面可采用吸音效果佳的地毯，窗帘要选择较厚的材料，以阻隔窗外的噪音。

↑书房装修宜采用隔音效果好的材料。

（3）雅：清新淡雅以怡情

　　书房中不要只是一组大书柜，加一张大书桌、一把椅子，应把情趣充分融入书房的装饰中。一件艺术收藏

↑书房装饰宜清新淡雅。

品、几幅钟爱的绘画或照片、几幅亲手写的墨宝，哪怕是几件古朴简单的工艺品，都可以为书房增添几分淡雅、几分清新。

（4）序：工作效率的保证

　　书房，顾名思义是藏书、读书的房间。在种类繁多的书籍中，有常看、不常看的书和藏书，应将书进行一定的分类，如分书写区、查阅区、储存区等。这样会使书房井然有序，有利于提高工作的效率。

↑书房的藏书宜有序。

❺ 适合书房的植物

书房中需要绿色的植物，尤其在工作和学习之余，多看看绿色，能让眼睛得到积极的休息，对于保护视力有很大的帮助。如果在书架上或书柜上摆放一两盆盆景，还能增加书房的宁静氛围。

书房与卧室不同，一般情况下，夜间没有人在此睡觉，因此在书房中摆放一两盆观叶的绿色植物，不会影响家人的健康。白天，这些植物进行光合作用，吸入二氧化碳释放氧气，能令在书房中工作学习的人有充足的氧气，感到脑清目明。要注意的是，书房一般都有大量的书，书架和书柜也相对较大，因此所选的植物最好是矮小、短枝的，还能以盆景这样的小规格形式摆放。

↑ 书房宜置放能缓解视觉疲劳的绿色植物。

在摆放植物时不宜选择那些带刺激性气味的花。虽然它们颜色艳丽，花香甜美，但长时间闻这些花的香味，会影响人的学习和工作情绪，并能引发很多呼吸系统疾病。

↑ 书房不宜摆放有刺激性气味的鲜花。

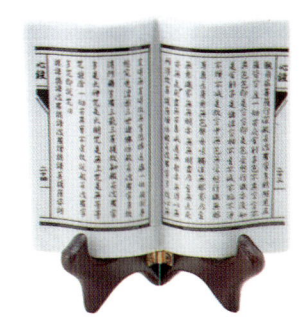

第五节
厨房风水

厨房的主题是烹饪，是创作美食的小天地，同时也是传达爱意的地方。这里涵盖着友情，传递着亲情，还酝酿着爱情。居家生活始终是以饮食和栖息为主，因此饮食是健康的"脉搏"，厨房是居家的"心脏"。掌握一些风水原则，你就能让家庭的"心脏"健康而有力地"跳动"。

❶ 厨房与方位

厨房是人间烟火的代表，五行属火。火的本位为南方，如果把厨房设置在南方，有一触即发之意，对名声和财运都十分有利，并且可以使家人富有上进心。若厨房布局在东方或东南方，这两个方位五行属木，为木生火，是吉利之象。从环境卫生方面来说，东南方最好。因为东南方四季都有充足的光线，通风亦佳，食物可以保持较长时间，有利健康。如果厨房设置在五行属土的辰、戌、丑、未方位(东北30度、东南120度、西北300度、西南210度)，是火土相生的格局，主家人比较有爱心、人缘和谐、事业有成。

假如厨房在西方，西方属金，成火克金，家人容易得肺病，还会对少女不利。因为西方被克，而西方在八卦中属兑卦，兑主少女。如果厨房在

↑ 厨房宜设置在房间的南方，有利名声和财运。

↑厨房设置在东南方为最佳。

住宅的北方,北方属水,水火不容,不吉利。如果厨房设置在住宅的西北方,很不吉利。因为西北属于八卦中的乾卦,乾代表天门,此为火照天门之格,又西北属金,为火克金,不利。书云:"火照天门,必当吐血。"又云:

"火烧天门,张牙舞爪,家庭反目,家生骂父之儿。"总之,将厨房设在西北方会使家庭不睦、不利家运。如果厨房在住宅西南方222~245度的位置,西南方因气流的关系容易形成对流,不适宜。从环境卫生角度而言,此处也不适宜。因为虽然西南面采光条件好,但夏季吹南风就会使厨房里的油烟和蒸气弥漫住宅,容易发生火灾且使房子脏乱、潮湿。

除了厨房需安置在吉利的方位上,厨房内的抽油烟机、炉灶、水龙头等,最好也安置在厨房风水的吉利位置。

❷ 厨房的布局

随着社会的发展,科技的进步,厨房用品也在不断更新换代。如今,厨房的概念被重新诠释,其功能也在不断增加,不同设计风格的多功能厨房已成为居室中的时尚风景,如根据个人需要定做的橱柜、整体化厨房、智能化厨房等。

在风水环境调和学里,厨房最重要的就是整洁卫生、光线充足、通风良好、避免存在淤积秽气的死角。其具体的布局要点如下:

水盆的选用应考虑耐用且能与地柜相搭配的款式;

水龙头最好采用有冷热水功能的专用龙头;

地面宜选用防滑地砖;

墙面以光洁度高、易清洁的瓷砖为宜;

色彩应采用冷色调,忌用过深的颜色;

厨房内一般用吸顶灯作为照明,局部照明可用小灯嵌入吊柜以照亮工作台;

厨房的家具要根据烹饪时的操作需要来定,还要根据相关器具的配套和摆放位置进行确定,一般应该有膳

↑水盆的选用应考虑耐用且能与地柜相搭配的款式。

食烹饪工作台、锅碗、盘碟及铲勺的贮藏柜或吊橱。

厨房中的各种菜刀或水果刀不应悬挂在墙上或插在刀架上,应该放入抽屉收好;

厨房内不应悬挂蒜头、洋葱、辣椒等,因为这些东西带有杀气,还会吸收阴气;

过久的食物不能遗留在厨房里,否则发霉了就会影响宅运。

总之,厨房的整体格局应该突出整洁、自然、明亮的特点,给人舒适、温馨、有活力的感觉。这样的厨房不仅象征健康,还可以给家人带来好运。

↑厨房的墙面以光洁度高、易清洁的瓷砖为宜。

❸ 厨房的照明

厨房里的照明一般要尽量增强亮度,以此来消除灯光所产生的阴影,从而避免妨碍工作。灯光首先是对整个厨房的照明,其次是对洗涤区及操作台面照明的兼顾。要使整体和局部的光亮协调,前者宜用可调式的吸顶灯照明,后者可在橱柜与工作台上方安装集中式光源,如在操作台的上方设置嵌入式或半嵌入式散光型吸顶灯,这样使用起来既方便又安全。在一些玻璃储藏柜内可加装投射灯,特别是内部放有一些具有色彩的餐具时,能衬托出温馨感。

厨房的光线应有主有次,这样,整个厨房的空间感、烹调的愉悦感也会随之增强。另外,由于下厨者在厨房中度过的时间较长,所以灯光应惬意而有吸引力,这样能提高制作食物的热情。

整个厨房的灯光布局合理,符合居家风水阴阳调和的格局,这样,全家人的好运自然到来。

↑厨房的光线应有主次之分。

❹ 灶台与炉具的位置

灶台在家居风水中占有极其重要的地位，安法正确有利于健康、婚姻和功名。《解凶灶法》指出："灶乃养命之原，万病皆由饮食而得，灶宜安生气、天医、延年三吉之方，不宜凶方。"在坐北朝南的住宅中，生气即指东南方，称之为上吉；天医即指东方，称之为中吉；延年即指正南方，称之为上吉。这三个方位都是吉方，故利于安置厨灶。

虽然生气、天医、延年三个方位都是吉方，但如何安灶还应该按照住宅主人的具体情况去具体实施。如功名不利，则宜安生气灶；如健康不佳，则宜安延年灶；如婚姻不顺，则宜安天医灶。

炉具是厨房中最重要的器具。因为它代表了创造和贡献的能力，所以最好选择使用自然明火的炉具，如煤气炉，尽量避免使用会释放磁力的电炉和微波炉作为主炉。炉具以放在厨房中央的灶台上最佳，而炉具的表面材料以不锈钢的为好。

炉具的摆放有三个需注意的地方：

①炉具须避水，这有两层含意。首先，因为炉具与洗碗池各自代表了五行中的火和水，勿把它们紧贴而放，中间要隔切菜台等缓冲带，以避免不协调。如有可能，也应令其他水性的用具，如冰箱、洗碗机与洗衣机等不紧邻炉具。其次，炉具不要坐南向北。由于北面属水，应避免水火攻心。

②炉具须避风，不宜正对门口和窗口。如炉具在风口上，易引起火势逆流而导致家居危险。

③炉灶不可设在下水道上方。排水系统要由住宅的前方排向后方，厕所污水不可从厨房下方流过。

↑功名不利，宜安生气灶。

第六节

餐厅风水

民以食为天，由此可见进食的重要性。而餐厅作为进食的场所，其布局不容忽视。布局成功的餐厅能产生愉悦的气氛，使用餐的人精神松弛、欣赏、喜爱食物并有彻底消化的时间，还有益于用餐者之间的交流与家庭成员的和谐相处。

① 餐厅的方位

餐厅和厨房的位置最好相邻，避免距离过远，当然一出厨房就是餐厅更佳。习惯中餐者的餐厅不宜设在厨房中，因油烟及热气较大，在其中无法轻松地用餐。住宅的东、东南、南与北方均为餐厅的吉方位，但餐厅的具体方位必须根据具体的情况进行选择，这样才能创造良好的用餐环境。

①住宅的南部，日照光线充足，而且南面属火，可令家道如火般腾腾起，日益兴旺。

②东、东南方属木，太阳早晨自东方升起，具备浓厚的生机和活力，因此是早餐最好的位置。

③春秋季的餐厅朝向以东方为好，而夏季以北方为佳。

↑住宅的东、东南、南与北方为餐厅的吉方位。

↑春秋季的餐厅朝向以东方为好，而夏季以北方为佳。

② 餐厅的照明

风水学讲究阴阳协调，因此餐厅的照明光线要和谐。光线协调能使人气和谐，促使"家和万事兴"。家居餐厅照明的作用就是创造出用餐空间的和谐，使良好的照明效果为餐厅风水服务。

餐厅的照明应将人们的注意力集中到餐桌上。餐桌上的照明以吊灯为佳，如单灯罩直接配光型吊灯，也可选择嵌于天花板上的照明灯。灯具的造型力求简洁、线条分明、美观大方。朝天壁灯是一个相当好的光源，其光线由墙面透迤而上，再从天花板反射而下，会让一些地方产生阴影，为房间增添更多的戏剧性。一般而言，最常采用的是胶泥制的半圆形壁灯。这种壁灯能够任意上漆，因此，可以将它漆成与墙面相同的颜色，让它隐没于墙壁中；也可以漆上不同的颜色花纹，让它成为房间里的和谐缀饰之一。此外，桌灯与立式台灯也都能创造出温馨的气氛，还适合摆放在屋里的任何角落。

如果餐厅设有吧台或酒柜，可以利用轨道灯或嵌入式顶灯加以照明，以突出气氛。另外，在用玻璃柜展示精致的餐具、茶具及艺术品时，若在柜内装小射灯或小顶灯，能使整个玻璃柜玲珑剔透，美不胜收。

↑ 餐厅的照明光线要和谐。

↑ 餐桌上的照明以吊灯为佳。

餐厅风水吉祥物

蓝色水晶球

蓝色水晶球直径约10厘米，为合成水晶，含有相当分量的水晶成分，经开光道教文化特殊处理。

宜 开运、助运宜用蓝色水晶球

蓝色水晶球为"助运之晶"，能助你的生活、事业更上一层楼，令你生意红火，家庭幸福。蓝色水晶球内蕴含着巨大能量，尤其是事业、家庭及有一定经济基础和实力的人士应用最佳。蓝色水晶球一般可安放在居家公共空间内或者办公桌上。

忌 蓝色水晶球忌置西方

蓝色水晶球在安放上要注意方位问题，最好不要将其摆放在住宅的西方或西北方。若安放于东方、东南方，将会非常有利。

❸ 餐厅的色调 ✿

餐厅一般采用亮色来装潢。风水学认为，亮丽的颜色可以带来活泼的气氛、促进食欲、增添用餐的乐趣，同时，还可以增强人的运气和增添财富。

餐厅的颜色因个人爱好和性格不同而有较大差异，但总的来说，餐厅色彩宜以明朗轻快的色调为主，最适合的是橙色以及相同色。这类色彩都有刺激食欲的功效，还能给人以温馨感，提高进餐者的兴致。整体色彩搭配时，还应注意地面色调宜深，墙面宜用中间色调，天花板色调则宜浅。

↑ 餐厅色彩宜以明朗轻快的色调为主。

在不同的时间、季节及心理状态下，人们对色彩的感受会有所变化，这时，就可利用灯光来调节室内的色彩气氛，以达到开胃进食的目的。一个人进餐时，往往显得乏味，可使用红色桌布来消除孤独感。灯具可选用白炽灯，经反光罩反射后，其以柔和的橙光映照室内，从而形成橙黄色环境，消除沉闷。冬夜，可选用烛光色彩的光源照明，或选用橙色射灯，使光线集中在餐桌上，会产生温暖的感觉。

❹ 餐桌的布置要点 ✿

（1）餐桌宜选圆形或方形

中国的传统宇宙观是"天圆地方"，因此日常用具大多以圆形及方形为主，传统的餐桌便是典型的例子。传统的餐桌形如满月，象征一家老少团圆，而且聚拢人气，能够很好地烘托进食的气氛。

至于方形的餐桌，小的仅可坐四人，称为四仙桌；大的可坐八人，又称八仙桌。因它象征八仙聚会，很吉利，且方正平稳，虽然四边有角，但因不是尖角而无杀伤力，因此被人们乐于采用。

由于餐桌的形状会影响进食的气氛，所以木制的圆桌或正方桌在家庭人口较少时适用，而椭圆桌或长方桌在人口较多时适用。

↑ 餐桌宜选圆形或方形。

（2）餐桌的质地要讲究

餐桌表面以易清理为本。大理石与玻璃等桌面较为坚硬、冰冷，艺术感较强，但因其易迅速吸收人体饮食后产生的能量，不利于就餐者的坐谈交流，因此不宜全部用于正餐桌，但可以通过形状和质地进行调和，比如：圆形的大理石餐台。

↑餐桌的质地要讲究。

（3）餐桌最有尖角

尖角角度愈小便愈尖锐，杀伤力亦愈大，风水学视尖角为禁忌。三角形餐桌会导致家人不和及健康受损，而棱形餐桌则会导致钱财外泄。至于那些波浪形状的餐桌，虽与传统不符，但因并无尖角，因此尚可勉强选用。总之，餐桌始终以圆形及方形为宜。

（4）餐桌上的屋顶宜平不宜斜

餐桌上的屋顶宜平整无缺，若有横梁压顶，或位于楼梯下，或屋顶倾斜，均会对家人健康有损。横梁压顶是风水的大忌，宅内不管哪个地方有横梁压顶均不吉利，尤以睡床、沙发、餐桌及炉灶之上的祸害最大，必须尽量设法避免。

若餐桌上面有横梁压顶，则可作吊顶进行掩盖，但最好的方法还是将餐桌移至他处。如果餐桌不能移离斜顶之下，则可用假天花板把斜顶填平。餐桌若是处于楼梯下，则可把两盆开运竹摆放在梯底来化解。但开运竹要能不断向上生长，并保持常青，否则便难收效。

↑餐桌上如有横梁压顶，祸害非常大。

餐厅风水吉祥物

招财进宝石

招财进宝石高约15厘米，为天然泰山石所制，经开光道教文化特殊处理。

宜 招财进宝石放置前宜清洗

天然的泰山石，辅以红色朱砂书写的"招财进宝"字样的招财进宝石，在摆放前先用清水清洗，最好是放置在公司门口或负责人的办公桌上，使之地位稳如泰山、招财进宝。

忌 私密空间忌摆招财进宝石

卧室、儿童房、书房不适合摆放招财进宝石，因为招财吉祥物一般摆放在商业空间或者居家公共空间，摆放在私密空间会带来不好的运势。

（5）餐桌不宜被大门直冲

住宅风水学讲究"喜回旋忌直冲"，如有犯冲便会导致住宅的元气易泄，风水因而大受影响。若餐桌与大门成一直线，站在门外便可以看见一家大小在吃饭，绝非好事，化解之法就是把餐桌移开。但如果确无可移之处，那便应该放置屏风或板墙作为遮挡。这既可免除大门直冲餐桌，而且一家人围桌共食也不会因被人干扰而倍感难受。

↑ 餐桌不宜直冲大门。

（6）餐桌忌被卫生间门直冲

卫生间在风水上被视为"出秽"的不洁之处，故此处愈隐蔽愈好。如卫生间正对餐桌，往往导致家人的健康受损。

如果卫生间门直冲餐桌，最好是尽快把餐桌移到别的位置。若是确实无法移开，便要采用在餐桌的正中摆放一个浸养铁树头或开运竹的小水盘的方法来进行化解。

（7）餐桌上方不宜用烛形吊灯

有些吊灯由几根蜡烛形的灯管组成，虽然设计新颖，颇有观赏价值，但若把它悬挂在餐桌之上，那便似是把长短不一的白蜡烛堆放在餐桌之上，这绝非吉兆。因为白蜡烛是丧事的象征，把它放在一家大小共同进食之处，其后果可想而知，故此必须尽量设法避免。

↑ 餐桌上方挂烛形吊灯为不吉。

（8）餐桌不宜正对神台

神台是供奉神祇及祖先之处，不宜与凡人进食之处太接近，毕竟阴阳异路，仙凡有别。倘若神台所供奉的是观音、佛祖诸神，由于他们均戒杀生而茹素斋，而一般人家吃饭均有大鱼大肉，正面相对会显得格格不入。如有可能，还是把餐桌尽量与神台保持一段距离，最重要的是把餐桌移开，务求两者不形成一条直线。

↑ 餐桌正对神台为不敬。

（9）餐桌不宜过大

有些人喜欢豪华气派，专门选购特大餐桌。这本无可非议，但必须注意餐桌应与餐厅的大小成一定的比例。如果餐厅面积本身并不宽敞，却摆放大餐桌，形成厅小台大的局面，这样非但出入不便，而且会阻碍餐厅的风水。若有这种情况出现，最好的办法当然是更换餐桌，使餐桌与餐厅的大小成一定的比例。这样不单出入方便，而且对餐厅风水亦大有改善。

↑餐桌应与餐厅大小成一定的比例。

（10）餐桌不宜被门路直冲

餐桌是一家老少聚首吃饭的所在，必须宁静安稳，才可闲适地享用一日三餐。如有门路直冲，则不但有损风水，更令家人食不甘味，必须设法改善。如果餐厅多通道，则犹如置身在漩涡中，周身不畅，亦需设法改善。

↑餐桌不宜被门路直冲。

餐厅风水吉祥物

飞马踏燕

飞马踏燕高约28厘米，由原始纯铜制成，是一款非常精致漂亮的仿古品，经过正规开光，以及道家符咒文化处理。

宜 办公、居家空间招财宜置飞马踏燕

飞马踏燕的招财能量巨大，如果办公空间、居家空间想增添财富、招徕福气，可在办公桌或居家公共空间摆放此吉祥物。

忌 做工粗糙的飞马踏燕忌使用

做工粗糙、质量不好的飞马踏燕最好不要使用。否则，不但不能招财，反而会降低财运。

❺ 酒柜或吧台的布置要点

对于绝大多数别墅主人来说，酒柜也是餐厅的一道不可或缺的风景线，陈列的美酒可令餐厅平添华丽色彩。

酒柜大多高而长，从风水学来说，这是山的象征；矮而平的餐桌则是水的象征。在餐厅中有山有水，配合得宜，对宅运大有裨益。在餐厅摆放酒柜有几点需注意：

①酒柜多是既高又晶莹通透，是一座山的象征，把它放在本命吉方，符合吉方宜高宜大的风水要义。户主属东四命的，则酒柜宜摆放在餐厅的正东、东南、正南及正北这东四方。户主属西四命的，则酒柜宜摆放在餐厅的西南、正西、西北及东北这西四方。

↑餐厅酒柜的摆放宜结合户主东西四命来摆放。

②酒柜中的镜片不宜过大。一般的酒柜均用镜片来作背板，这令酒柜中的美酒及水晶酒杯显得更明亮通透。但镜片太大，在风水方面便会引起诸多不便。

例如，酒柜中的镜片若是太大，便不宜与神柜相对，因为酒柜的镜片会反照出神台的香火。这正是风水学的大忌，应该尽量避免。万一有这种情况出现，应把酒柜或神台移位，令两者不正面相对，便可确保无害。

③酒柜不宜摆放在鱼缸旁边。酒柜是水气重的家具，而鱼缸又多水，两者的本质相近，若是摆放在一起，便会形成水多而缺堤泛滥之虞。若是无处可移，则可在酒柜与鱼缸之间摆放一盆常绿植物，即以一木隔在两水之间，消除过多的水气。

在面积较大的餐厅，有些人家喜欢以吧台来代替酒柜。吧台与酒柜的本质一样，水气均重，所以两者在风水方面的讲究并无分别。另外，吧台宜摆放在餐厅的死角，这样才符合风水之道。因吧台属水，而水性灵活多变，不怕受压，所以摆放在楼梯底也无妨。

↑酒柜中的镜片不宜过大。

❻ 适合餐厅的植物

餐厅是象征健康、福气以及富足的地方，美化这里的环境可以让人在增强健康的同时获得更多财富。稍微点缀一点绿意，带来的将是无限的生机。如盆栽植物、吊花、秋海棠、圣诞花等，就可以给餐厅注入生命和活力，增添欢快的气氛。此外，也可将有色彩变化的吊盆植物置于木制的分隔柜上，划分餐厅与其他功能区域。现代人很注重用餐区的清洁，因此，餐厅植物最好用无菌的培养土种植。

↑摆放植物能给餐厅注入生命和活力。

如果就餐人数很少，餐桌比较固定，就可在桌面中间放一盆（瓶）绿色观叶类或观茎类植物，但不宜摆开谢频繁的花类植物。再在餐厅的一角或窗台上适当摆放几盆繁茂的花卉，就会使空间生机盎然，令人胃口大开。此外，摆放餐厅植物时还要注意植物的生长状况应良好，且低矮，这样才不会妨碍相对而坐的人进行交流、谈话。

适宜在餐厅摆放的植物有番红花、仙客来、四季秋海棠、常春藤等。餐厅里要避免摆设气味过于浓烈的植物，如风信子。

↑餐厅不宜摆放气味强烈的花草。

餐厅风水吉祥物

风水球

风水球是由大理石磨制而成的催财吉祥物，象征财源滚滚。底盘（柱）装水，用水泵抽水向上喷射，从而冲动上面的石球，使石球长期转动。

宜 公共空间宜置风水球

风水球可分为微小型、小型、中小型、中型、中大型、大型、特大型等，式样繁多。一般将其摆放在居家公共空间、办公空间或公共场所。

忌 风水球忌置凶位

风水球的摆放要求比较多，一般来说在门口的正中轴线摆放得比较多，其他地方摆放宜慎重，尤其不要摆在凶位。因为风水球会不停转动，如摆在凶位则催动了凶的能量。

第七节
卫生间风水

在传统风水学里，对于卫生间风水，除了指出要压住凶方之外，其他很少提及，而现代的卫生间风水则增加了不少新的说法。按照传统风水理论，卫生间被称为污秽、潮湿之地，有很多禁忌，如不可正对房门、不可处于风口的位置等，这些理论即使在现在看来也是符合环境卫生要求的。

❶ 卫生间的方位

卫生间的门应面对墙壁。如果方位格局造成卫生间的门无法面对着墙壁，那么最好在卫生间的门前摆设一面屏风。它能有效地阻挡污秽的气体，使其不易流入住宅中的其他房间。

对于坐北向南的住宅而言，南面是阳的位置，为延年位，是采光条件最优越的地方，但中国人习惯上不把卫生间设在南方。因为人们在卫生间待的时间最短，而且若卫生间占据这个方位，很容易影响宅气。

卫生间不宜设置在住宅的北方或东北方，最好把它设置在西北、东南或者东方。如果卫生间在北方或者东北方位，则需避开北部中心15°（子的范围）、东北15°（丑的范围），以及东北中心15°（艮的范围）。如果整个卫生间都位于北方或东北方位上，则只要马桶的位置偏离这些15°的方位就行。如果马桶位于这些范围内，则只要移动马桶即可，不需改建卫生间。

除了北、东北方位之外，西方位的卫生间也属于凶相。如果要移动的话，只能从西方移动到西北方，因为卫生间在西方通常容易招惹桃花。不过，如果是婚期的女孩儿居住的话，

↑ 卫生间宜设在住宅的西北、东南或者东方。

就用不着担心。但为求万全之策，应把马桶移到西北方位，也就是壬或癸的范围。

卫生间不能设在住宅的中心，其原因有三。其一，根据《洛书》，中央属土，卫生间属水，如将属水的卫生间设在属土的中央位置，就会形成土克水的忌讳；其二，卫生间设在住宅的中央，供水管道和排水管道可能均要通过其他房间，维修非常困难。而如果排污管道也通过其他房间，那就更加麻烦了；其三，住宅的中心如同人的心脏，至关重要。心脏部位藏污纳垢，是不能称作"吉宅"的。

↑卫生间不能设在住宅的中心。

② 卫生间的布局

大部分家庭的卫生间一般都不大，因此，如何最大限度地利用这狭小的空间是很需要技巧的。洗手盆、马桶、淋浴间这三大项最浪费空间，而对卫生间风水影响最大的也是这三大项。卫生间最基本的布局是由低到高设置，最理想的布局是洗手台挨着卫生间门，马桶紧靠其侧，淋浴间设置在最内端。这样，无论从功能还是美观角度考虑，都是最理想的。

↑卫生间基本的布局是由低到高设置。

卫生间风水吉祥物

兽头

兽头直径约26厘米，纯桃木材料制作，为卫生间专用的吉祥物系列法器。兽头头顶有两角，怒目圆睁，形象十分威猛，有驱邪、化煞、除污之功效。

宜 卫生间宜置兽头化煞

卫生间占据吉方位会带来煞气，不利家运，可用兽头来化解。将兽头正对卫生间的门安放，还可化解卫生间正对大门、卧室门的风水问题。

忌 兽头忌置用餐、休息场所

兽头不可以置于卧室、厨房、客厅、餐厅等空间。因为兽头属于猛兽，用于驱邪、化煞、除污，如果将其放于人们用餐、休息之地，则会给家人带来不利因素。在摆放兽头的下方也不能有金属类物品，以免引起不良风水。

洗手台区的设计是卫生间的主体，需依卫生间的大小来定夺，千万不要贪图宽大的洗手台，这只会给往后的生活及维护造成麻烦。洗手盆可选择面盆或底盆，二者的使用效果差不多。然后是镜子的设计。镜子自然是愈大愈好，因为它可充分扩大小卫生间的视觉空间。但如果使用不当，亦会带来相反的效果，影响家人健康及运势。考虑到容易清洁及美观的因素，镜子一般设计成与洗手台同宽即可。

↑镜子宜设计成与洗手台同宽。

如果家里有老人，马桶附近应安装不锈钢助力扶杆，以方便站起。用于公共环境的卫生间还是以蹲厕为好，以免交叉感染。

马桶不可在四正线和四隅线上；马桶不能与大门同向，因为财秽二气共同进退，这是一种典型的退财格局；马桶不要和卫生间门相向，亦即蹲在马桶上正好对着门，这样既不雅观且退财；马桶不可明冲床位、暗冲灶位。马桶坐向最好是和卫生间门垂直或错开，但不宜坐北朝南，避免形成水火对攻的局面。如果卫生间较大，则可将马桶安排在自浴室门口处望不到的位置，或隐于矮墙、屏风或布帘之后，当然还要确保从任何镜子上都看不见它。平时应该尽量把马桶盖闭合，特别是在冲洗的时候。

浴缸的理想高度为40厘米，可选用带裙板的浴缸，以方便安装和增加装饰性。浴缸外应有沐浴帘，浴缸靠墙的地方应安装肥皂盒，浴缸靠背方向的上方应安装浴巾架。

卫生间应安装毛巾杆。卫生间的电器应选择防水性能较好的产品，而且要带有防水电源开关、电缆及插头。这样，通电使用或断电时不怕水淋、水溅，也不怕造成漏电或损坏。

如果住宅已安排好洗手盆、马桶、淋浴间这三大项的位置，各种排污管也相应固定了，若非位置不够或安装不下选购的用品，一般不要轻易改动。如果非改不可，必须请风水师分析或选择吉日再动。特别是马桶，千万不要为了有大洗手台或宽淋浴间而把马桶放至远离原排污管的地方。卫浴风水的看法是，随意触动了污气会有意外发生，后患无穷。

↑卫生间应安装毛巾杆。

❸ 卫生间的收纳风水

杂乱是卫生间风水的大忌，因为杂乱会使气滞碍难行。最理想的卫生间就是那些摆设简洁、设计简单、通风良好的卫生间。

卫生间小物品的摆放应有所讲究，例如，将浴室用的转角架、三角架之类的吊架固定在壁面上，放置每日都需要使用的瓶瓶罐罐等洗浴用品；用合乎尺寸的细缝柜收藏一些洗浴用品、清洁用品；用浴室专用的置物架增加马桶上方的置物空间，放置毛巾及保养用品；将洗漱台做成一个开放式的抽屉，收纳毛巾、浴巾、洗漱用品和护肤品等。这些都是很好的空间创造法，可以让卫生间更井然有序。

↑卫生间小物品的摆放要有所讲究。

↑卫生间的摆设要充分利用空间创造法。

卫生间风水吉祥物

屏 风

屏风能阻隔秽气、阻挡不良的气场。屏风最好是选用木质的，从五行来分析，竹屏风和纸屏风都属于木质屏风。塑料和金属材质的屏风效果比较差，尤其是金属的屏风，其本身的磁场就不稳定，而且也会干扰到人体的磁场，建议少用。

宜 阻隔不良气场宜设屏风

屏风有阻隔秽气、阻挡不良气场、缓解视觉疲劳之功效。安装屏风既不用大幅度改变居家格局，又可化解风水问题。如大门直冲阳台、卫生间、炉灶或者床等，都宜安装屏风来化解。

忌 屏风设置忌过高

屏风的高度不可太高，最好不要超过一般人站立时的高度，以能遮挡人的视线且不高过人的身高为宜。太高的屏风重心不稳，反而容易给人以压迫感，在无形中会造成使用者的心理负担。

香皂、洗发液应整齐摆放，但不必封闭于柜内，因为美好的香味能使空气清新，有利于放松心身。清扫用具不宜露在外面。毛巾、卫生纸等用品，用多少摆多少。牙刷不宜放在漱口杯上，应放在专用的牙刷架上。电吹风属火，用后应收入柜内。卫生间内只适宜放置最低限度的必需品，不应将杂物都堆放在卫生间里。

在卫生间里略微加入色彩明亮的卫浴用品，便可以使其呈现出舒适、清新的效果。如拖鞋、鞋垫选取与墙体颜色反差较大的柠檬、海蓝、浅粉红、象牙色等清淡的颜色，会为卫生间带来洁净感。

在去味方面，芳香剂有效但不环保，所以最好选用一些香花或香草。含有让心情平静的香味和有治疗失眠功效的香花或香草同样可以减弱卫生间的难闻之气。

↑ 卫生间宜摆放芳香植物。

④ 适合卫生间的植物

由于卫生间湿气大、冷暖温差也大，选择绿色植物时一定要注意。有耐湿性的观赏绿色植物，如蕨类植物、垂榕、黄金葛等，可以吸纳污气，因此适合使用。当然，如果卫生间既宽敞又明亮且有空调的话，则可以培植观叶凤梨、竹芋、蕙兰等较艳丽的植物，把卫生间装点得如同迷你花园，让人更加肆意地享受排泄与冲洗的乐趣。

↑ 卫生间宜摆放耐湿性植物。

↑ 宽敞的卫生间可摆放艳丽的植物。

第八节

阳台风水

现代家居几乎每个家庭都有一两个阳台。阳台是居住者接受光照、呼吸新鲜空气、进行户外锻炼、纳凉、晾衣物的场所。阳台的一切设施和空间安排都要符合实用的要求，在注意安全与卫生的同时，还要注意风水宜忌。

❶ 阳台的方位

在日常生活中，由于阳台多是开放式的，所以极易受外界不良还击功能、噪音等影响。相对阳台的重要性而言，阳台的方位也就不容忽视了。一般而言，阳台的方位以朝向东方或南方为佳。

阳台朝向东方，寓意"紫气东来"。所谓"紫气"，就是祥瑞之气，祥瑞之气经过阳台进入住宅之内，一家人必定吉祥平安。而且日出东方，太阳一早就照射阳台，全宅显得既光亮又温暖，全家人也因此精神充沛。

至于阳台朝向南方，有道是"熏风南来"。"熏风"和暖宜人，令人陶醉，在风水学上也是极好的。现今，阳台朝南的住宅售价一般都贵一些，可见大家都知道阳台朝南或朝东的风水较佳。

↑阳台朝向东方，寓意"紫气东来"。

阳台风水吉祥物

铜 龟

在日本，象征长寿的龟受到人们的深爱，同样，在中国也深受欢迎。龟甲形似凸面镜，又似弧线，被认为具有可以弹击、打散房屋中滋生的不吉之气的能量。铜龟还可以化解天斩煞、路冲煞、劈面煞。在这些形煞迎面的地方，摆放铜龟效果极佳，其中化煞效果最好的就是天斩煞。

宜 天斩煞宜用铜龟化解

龟甲形似凸面镜，有扩散煞气的作用。天斩煞是指从自身的居所向外望，可见到前方有两座大厦靠得很近，致使两座大厦中间形成一道中空的缝隙，风从中穿过而形成的一股煞气。天斩煞可以在阳台或窗户上摆放一对铜龟来化解，但在放置的时候要注意使两只龟的头部相对。

忌 肖狗、兔、龙者忌摆放铜龟

肖狗、兔、龙者都不宜在家养龟或者放置龟类摆件，否则会发生不利的属相冲克问题。

阳台若朝向北方，最大的缺点是冬季寒风入室，会影响人的情绪。再加上若是保暖设备不足，就极容易使人生病。

阳台朝向西方则更不妥。每日均受太阳西晒，热气到夜晚仍未能消散，全家健康都会受到影响。

↑阳台不宜朝向北方或西方。

❷ 阳台的布置

阳台要有顺畅的排水功能。因为没有封闭的阳台，一下雨就会大量进水，所以地面装修时要考虑水平倾斜度，保证水能流向排水孔。注意，千万不能让水对着房间流，否则就"泛滥成灾"了。

阳台要有预留的插座，以便日后在阳台上听音乐、看电影等。

为了防止日晒雨淋，阳台上的遮阳篷一定要用比较坚实的纺织品来做，也可用竹帘、窗帘来制作。建议做成可以上下卷动的或可伸缩的式样，以便按需要调节阳光照射的面积、部位和角度。

夏日，人们喜欢夜间在阳台上乘凉，灯光是必不可少的。灯具可以选择壁灯和草坪灯之类的专用室外照明灯。如果喜欢凉爽的感觉，就可以选择冷色调的灯；如果喜欢温暖的感觉，则可用紫色、黄色、粉红色的照明灯。

目前新建的住宅中，大多都有两个，甚至三个阳台。在家庭装修设计中，阳台要分主次，切忌"一视同仁"。与客厅、主卧相邻的阳台是主阳台，功能以休闲为主。在装饰材料的使用方面，同客厅区别不大，较为常用的材料有强化木地板、地砖等。如果封闭做得好，还可以铺地毯。墙面和顶部一般使用内墙乳胶漆，品种和款式要与客厅、主卧相符。

次阳台一般与厨房相邻，或与客厅、主卧外的房间相通。次阳台的功用主要是储物、晾衣等，因此，这个阳台装修时不需封装，地面要采用不怕水的防滑地砖，顶部和墙壁采用外墙涂料。为了方便储物，次阳台上可以安置几个储物柜，以便存放杂物。

↑阳台的遮阳棚宜做成可上下卷动的或可伸缩的式样。

↑阳台的灯光可根据自身喜好来选择。

❸ 适合阳台的植物

由于阳台较为空旷，日光充足，因此适合种植各种色彩鲜艳的花卉和常绿植物，还可采用悬挂吊盆、栏杆处摆放开花植物、靠墙放观赏盆栽的组合形式来装点阳台。在阳台摆放一些花草植物，除了可美化环境之外，还有风水方面的良好效应。适宜种植在阳台的植物有很多，大致可分为生旺植物与化煞植物两大类。

如果从阳台外望，附近山明水秀，无任何形煞出现，便应该摆放那些可收生旺之效的植物。其大致有以下几种：

①万年青：属天南星科，干茎粗壮，树叶厚大，颜色苍翠，具有强盛的生命力。大叶万年青的片片大叶伸展开来，似一只只肥厚的手掌伸出，向外纳气接福，对家居风水有强大的壮旺作用。所以万年青的叶越大越好，并应保持常绿常青。

②金钱树：学名艳姿，叶片圆厚丰满，生命力旺盛。金钱树能吸收外界金气，极利于家中运财。

③铁树：又名龙血树，市面上最受欢迎的是泥种的巴西铁树。铁树的叶子下垂，中央有黄斑。铁树寓意坚强，衬住宅之气血，是重要的生旺植物之一。

④棕竹：干茎较瘦，树叶窄长。棕竹因树干似棕榈、叶如竹而得此名。棕竹种在阳台，可保住宅平安。

⑤橡胶树：树干直、挺拔，叶片厚、富光泽，繁殖力强，易种植，户外户内种植均宜。

↑ 阳台适合种植各种色彩鲜艳的花卉和常绿植物。

↑阳台可种植生旺植物。

⑥发财树：又称花生树，干茎粗壮，树叶尖长而苍绿，易种植，极具活力、朝气。

⑦摇钱树：叶片颀长，色泽墨绿，属阴生植物，极有富贵气息。

一般来说，风水上有生旺作用的阳台植物均高大而粗壮，叶愈厚愈青绿则效果愈佳，以上所提及的万年青、金钱树、铁树、橡胶树、棕竹以及发财树等等均是很典型的例子。

如果从阳台外望，四周环境恶劣，附近有尖角冲射、街道直冲、街道反弓，又或者面对寺庙、医院及坟场等等，便需摆放那些可以化煞的植物。化煞的植物与生旺的植物不同的是，其干茎或花叶有刺。有刺便可冲顶外煞，令其退避三舍，起保护家居的作用。这类化煞植物有：

①仙人掌：仙人掌茎部粗厚多肉，往往布满坚硬的茸毛和针刺。高大的仙人掌摆放在阳台，可以化解外煞于无形。

②龙骨：龙骨的外形很独特，干茎挺拔向上生长，形似直立的龙脊骨，充满力量，对外煞有强劲的抵挡作用。

③玉麒麟：龙骨向上生长，而玉麒麟则横向伸展。其形似石山，化煞稳重有力，并且有镇宅作用。

④玫瑰：玫瑰艳丽多姿，虽美但有刺，凛然不可侵犯。玫瑰既可点缀阳台，又有化煞的功能，特别适合女性较多的家居使用。

⑤杜鹃：即九重葛，花色红艳，花叶茂密而有尖刺，易于种植，也是上佳的化煞植物。

↑阳台可种植化煞植物。

第九节 车库风水

为了使爱车不至于在露天下风吹雨淋，最好为它准备一间合适的车库，这样还能起到一定的保养作用。

① 车库的格局

最适宜的车库格局是长方体，并且从节约车库面积的成本角度考虑，长方体也是比较经济实惠的。如果车库的格局带有很多尖角，不仅浪费了空间，而且在车子进入车库时，还很容易碰撞到尖角，损坏车子。长方体与大部分车子的形状吻合，因此车子可以自由进出。

车库的设计还要考虑到汽车的高度。现在家用车型的高度通常在1~2米之间，但对于那些车身高度较高的车主来说，有必要加高车库高度。因为恰当的高度才会使汽车很舒适地在其中休息，从而以最佳状态为你服务。

车库最好设在一层，配合自动的车库门，这样使用起来十分方便。

↑ 车库的设计还要考虑到汽车的高度。

车库风水吉祥物

红玉佛与观音

红玉佛与观音，高约为4厘米，天然红玉精致制品，经开光道教文化特殊处理。红玉佛与观音结合灵气更强，一般可为自己请或者为朋友请。

宜 常出差人士宜戴红玉佛与观音

出门在外求的就是平安，经常出差的朋友适宜佩戴红玉佛与观音，可挡灾、保平安。身体健康状况较差的朋友也可佩戴红玉佛与观音，有祛病、挡灾、保平安之功效。

忌 红玉佛与观音忌置污秽之地

观音与佛皆为圣洁之物，不可常放于厕所等污秽之地，有些经过开光的还不可以携带洗澡或沐浴，以免亵渎神物。

② 车库的光线

车库需要明亮的光线，这样能方便车子进出车库。尤其是在夜晚时进出车库，仅仅凭借车子自身的照明，在面积较大的车库中，并不能保证足够充足的照明。因此车库中应设置明亮的日光灯，而且最好是设置两盏日光灯，使光线充足明亮。

在车库中设置明亮的日光灯还有另外一个好处。夜晚时，驾驶者总会有一点昏昏欲睡的感觉，明亮的灯光能刺激驾驶者的视觉神经，使他清醒一些，从而使汽车可以平安顺利地进出车库。

↑ 车库需要明亮的光线，这样能方便车子进出车库。

③ 车库的通风

车库的通风条件是非常重要的。人生总是有很多意外的情况会发生，如果由于某种原因而被困在车库中，那么没有良好通风条件的车库无疑将变成一个密闭的空间。如果被困时间较长，很容易威胁到生命安全。

退一步讲，没有发生意外情况，但汽车发动时所产生的尾气和汽油蒸气，对人的身体也是有害的。如果车库的通风条件很差，很容易使这些有害的气体滞留在车库中，造成车库中空气的污染，最终危害到车主。因此，应采用有效的方法来解决通风问题。

在有时间的条件下，最好是保持车库的门敞开着，这样能最有效地更换车库中被污染的空气。如果没有足够的时间使车库的门保持敞开，可以在车库中放置一个排风扇，在一定程度上也能起到比较好的效果。

↑ 车库的通风条件是非常重要的。

❹ 车库的颜色

对于车库来说，很多人并不会考虑对其进行装饰，或许认为那是没有什么意义的劳动。其实不然，也许仅仅是将车库的墙壁刷上简洁的白色涂料，就能使你每次进入车库都会因为看见它柔和的色彩而心情舒畅。总的来说，车库的颜色应柔和、简洁。

↑ 车库的色彩应柔和、简洁。

车库风水吉祥物

铜 铃

铜铃为圆柱形，圆润、坚固。铜铃是最常用的吉祥用品，一般适合挂在门、窗和汽车上。将铜铃挂在门的把手上，可防止家人意外碰撞、摔伤，或被硬器刺伤。

宜 保平安宜挂铜铃

将铜铃挂在室内或者汽车驾驶室，可化解意外之伤和手术等血光之灾，保平安。

忌 铜铃忌置门口或卧室

虽然铜铃的吉祥作用很大，但是在风水学上有些位置是不适合放铜铃的。一般来说，铜铃忌置于门口或卧室，否则会带来不良的气场。

第十节
楼梯风水

现代的别墅小高层居多，且都离不开联系上下空间的楼梯。楼梯作为房屋的通道，不仅是家中联系"上"与"下"的纽带，而且也是家中不可忽视的一道风景。它可使气从一楼通到二楼、三楼甚至更高层。楼梯分内气楼梯和外气楼梯，内气楼梯吉利，外气楼梯不吉利。内气楼梯与门相背，进门后拐弯便可上楼梯；外气楼梯则一进门便可看见。

从住宅的角度而言，楼梯为重要的"气口"。因此，布局上必须尽量位于旺方，若方位不对，会不利家运。楼梯的理想位置是靠墙而立，避免设在房屋的中心。楼梯的所有部件应光滑、圆润，没有突出、尖锐的部分，以免对使用者造成伤害。

① 楼梯的方位

在楼梯定位上要注意的是，楼梯不宜定位于中央15度的方位，否则会带来不好的影响。还有，楼梯下要避免有厕所，否则，厕所内的臭氧、湿气会顺着楼梯散发到楼上，这实在不是好事情。

楼梯位于北方时，只要避开中央就行了。

如果选择在东北方位设置楼梯，同样应避开中央位置。

设置在西北方位的楼梯，应避开中央15度方位，否则不利家运。

南面建有楼梯的话，会让人感觉不舒服，应放弃这个方位。

↑楼梯下要避免有厕所，否则，厕所内的臭氧、湿气会顺着楼梯散发到楼上。

如把楼梯置于西南方位，会对健康不利。

西面的楼梯同样不是吉相，不宜设置。东方与东南方亦不宜。

↑ 南面建有楼梯的话，会让人感到不舒服，应放弃这个方位。

开运风水吉祥物

龙 龟

龙龟是瑞兽的一种，象征吉祥，可挡灾化煞。龙龟的用法比较复杂，要恰当地放置在三煞位或水气重的地方才有效。龙龟在位时能化解口舌之争、加强人缘。

宜 龙龟宜放在使用者的左边

风水上左方为"青龙"、右方为"白虎"。青龙为瑞兽，白虎为凶兽，所以龙龟最适宜摆放在左方以招吉贵。而且，青龙向来都是护持着主位的守护神兽，所以在自己的左方放上龙龟，便等于有贵人来守护着自己。

忌 龙龟头忌朝卧房

龙龟有招贵人之功效，应头向外摆放，切勿向着卧房放置。

❷ 楼梯的形状

住宅是聚气养生之地，如楼梯进口对正门，宅内之财气、福气就会从楼梯向门直冲而去，此乃大忌。楼梯第一阶在房内任何位置都不会对整体有太大的影响，但出口却不可在房屋中心。

楼梯是快速移气的通道，能让气从一个层面向另一个层面迅速移动。当人上下楼梯时，便会搅动气能，使其借楼梯迅速移动，达到聚气、养气之目的。为了达到此目的，楼梯的坡度越小，其效果就越好。为了避免楼上的财气、运气直冲而下，室内楼梯尽量不要做成直线形楼梯，以折线形楼梯，即有休息平台的楼梯、螺旋形楼梯或弧形楼梯为佳。当然，具体选用哪种楼梯还要参考其他因素，比如房型、空间、装修风格及业主的个人爱好等等。

（1）折线形楼梯

这种款式比较常见，它占地面积较小，易于儿童、老人活动。其依墙体而建，结合墙壁置栏杆和扶手，造型与墙裙的装饰协调统一即可，色彩方面不受特别限制。

（2）螺旋形楼梯

这种款式对老人和儿童不太适宜，它每一阶跨度都较大，安全性较差。但是由于它建于厅堂偏中部位，不靠墙，围栏不借助于墙体，再加上透空的栏杆，具有强烈的动态美感。

↑ 折线形楼梯。

↑ 螺旋形楼梯。

（3）弧形楼梯

相比折线形楼梯，这种款式占地面积略多一些，体现出的美感、韵味也更多一些，可以活跃室内气氛。由于弧形的特性，造型方面可更大胆、夸张。特别在色彩上，无论是使用与室内色彩统一的近似色，还是采取对比色调来造成强烈反差，均能创造出较好的效果，产生豪华气派感。

↑弧形楼梯。

❸ 楼梯下部的空间

楼梯的造型千变万化，但大多数人所采用的造型都会在楼梯下面留一个空间。这样的空间若能合理地规划，则能起到很好的收藏和展示作用。

楼梯因为外形而占用了不少室内的有用空间，大多数家庭通常都将其下方的空间作为储藏物品之用。例如，加装一扇门，里面摆上几个储物箱，用来收藏东西。或者根据楼梯台阶的高低错落，制作大小不同的抽屉式柜子，直接嵌进去，用来摆放不同物品。

楼梯角落是一个不起眼的死角，在此处摆放依楼梯走势而设计的展示柜，并摆上精美漂亮的展品，会收到出于意料的效果。

↑楼梯角落摆放展示柜，往往会有出乎意料的效果。

第五章

别墅装修
风水实例

一个充满着阳光和色彩的家，每个区域都会有自己独特之处，特别是别墅，各功能区区分更加明显，其环境布置也就更加讲究了。

下面的别墅装修风水实例将从各方面展示居家各功能区的布置，希望为你布置温馨舒适的居家环境提供一个范本。

别墅实例①

南沙滨海花园别墅CL型

　　追求自然、绿色、新颖，做出时尚年轻的效果，是本实例设计的重点。

　　清新的绿色生活，永远让人惊喜。为打造一个流畅的绿色之家，设计师尽展平生所学。客厅内饰以绿色植物，让窗外阳光暖暖照入，令整个别墅沉浸在祥和安宁的氛围中。纵观全局，美会成为你唯一的感受。

↑风水启示：别墅前面栽种绿色葱茏的植物有助于提升家宅运气。

↑风水启示：楼梯最好靠墙设立，避免设在房子中心位置。

↑风水启示：水晶吊灯能添宅运，但要考虑房子的高度是否合适。

↑风水启示：客厅格局以"四隅四正"为最佳。

开运风水吉祥物

金鱼缸

金鱼，亦称"金鲫鱼"，属鲤科，是由鲫鱼演化而成的观赏鱼类，种类甚多。鱼的形象作为装饰纹样，早已见于原始社会的彩陶盆上。商周时期的玉佩、青铜器上亦多有鱼形。鱼与"余"同音，隐喻富裕、有余。

宜 客厅、办公室宜置金鱼缸

"山主贵，水主财"，鱼缸有很强的催财作用，但切记一定要将其放在旺气位才行。建议客厅或办公室摆放鱼缸。

忌 金鱼缸忌置凶位

金鱼缸的风水讲究比较多，一定要将其放于旺位，不宜放置在凶位。因为鱼缸有水，有催动气场的作用，如果放在凶位，就会催动凶气，给人带来不利因素。

↑风水启示：玄关摆设大叶片植物有招财的作用。

↑风水启示：玄关作为大门与客厅的缓冲地带，有化煞和遮掩的作用。

↑风水启示：餐厅和厨房的位置最好相邻，避免距离过远。

↑风水启示：餐桌摆放鲜花，有助于增添生机和欢乐的气氛。

开运风水吉祥物

招财象

大象是现代家居中很好的吉祥装饰品，可抵挡不吉之气的冲煞。"象"谐音"祥"，象征着吉祥、平安、幸福，同时也且有招财之功效。

宜 客厅、办公室宜置招财象

大象吸水最厉害，如果将大象朝着财位摆放，是发大财的风水布局。招财象宜摆放在客厅、办公室、特别是老总的办公室。在此摆放招财象，可以使其管理有方、事业越做越大。

忌 招财象忌与武器同置

由于冲煞的关系，招财象不可与刀、枪等武器类物品一起摆放，使其失去应有的功效，还会引起不良的冲克。

↑风水启示：根据吉方的风水要义，酒柜宜放在本命吉方。

↑风水启示：卧室挂抽象人体画有助于增添情趣，不过太过逼真的裸体画会起到反作用，要注意把握画的尺度。

↑风水启示：楼梯下方经过合理的规划，能起到很好的收藏和展示作用。

↑风水启示：风水启示：中式乐器大多是木制的，因此闲置时属木，但由于其所发声音属金，因此使用时又属金，根据五行开运原则加以灵活运用。

↑风水启示：卧室挂深色挂画，能增添宁静的氛围，有助睡眠。

开运风水吉祥物

大钱币

　　大钱币长约45厘米，由纯桃木制造，为家庭聚财专用的吉祥物系列法器。

宜 大钱币宜安放在客厅正对大门处

　　大钱币专为家庭聚财而设计，适宜安放在客厅正对大门处，以解决家庭收入日益减少、收入不稳定、破财、钱财流失等问题。

忌 大钱币忌置厕所和厨房

　　一般来说，大钱币不宜直接挂在厕所和厨房中，否则会使其失去功效。

别墅实例 ③

翰海翠庭

　　新古典主义的手法贯穿始终。设计充分展示光影在室内不同角度形成的结构美感，让业主充分享受南国的灿烂阳光。体现人与自然的关系，同时不失复式大户型的豪华气派，是本实例设计的主要着眼点。

↑ 风水启示：书房的布置要明、静、雅、序。

↑ 风水启示：吧台宜摆放在餐厅的死角。因吧台属水，而水性灵活多变，不怕受压，所以吧台摆放在楼梯底也无妨。

开运风水吉祥物

↑风水启示：客厅吉则全宅俱吉，客厅衰则全宅俱衰，因此客厅的布局和家具布置一定要合乎风水原则。

↑风水启示：茶几放居室的生气、延年、天医或当令飞星位，可催财、旺财。

花开富贵

牡丹乃花中皇后，极有富贵之相，是富贵的象征，凤凰则寓意着吉祥和太平。花开富贵象征富贵、吉祥、万事如意、水到渠成。

宜 客厅宜摆放花开富贵

花开富贵适宜摆在客厅，也可摆放在办公室、商业空间等公共空间。

忌 富贵吉祥忌与金属物品一起摆放

花开富贵为木质品，在五行生克中，木与金是相克的，所以不宜将其摆放在金属物品旁边，更不宜放在金属桌面上。否则，不仅起不到作用、甚至会带来不利的影响。

↑风水启示：地毯不但可美化家具，若搭配得宜的话，还能增强主人的运势。

↑风水启示：阳台宜有开阔的视野，这样有助于培养家人开阔的心胸，增强彼此的宽容度。

↑风水启示：餐厅的照明光线要和谐。照明协调能使人气和谐，促使"家和万事兴"。

开运风水吉祥物

人生富贵

　　人生富贵外形为精雕的人参，线条流畅、栩栩如生；顶部的樱桃晶莹剔透、鲜艳饱满、圆润自然；一朵雍容华贵的牡丹雕刻得层次分明，花瓣鲜艳，如同真的一般，令人爱慕不已；一只只精美的玉如意好似生根发芽般，一直延伸到作品的背面；最下面是几颗小巧的花生，显得恰到好处。

宜 富贵吉祥宜置人生富贵

　　"人参"谐音"人生"，旁边牡丹花开表示富贵，喻示人生富贵。想要人生富贵吉祥，宜置人生富贵。

忌 人生富贵忌靠近金属物品

　　人生富贵最好与陶瓷类、木质类物品一起摆放，不适合与金属物品同放，并且不适合放在红色容器内。

图书在版编目（CIP）数据

别墅风水/李东秀主编. —海口
：南海出版公司，2010.8
（装饰世界）

ISBN 978-7-5442-2287-7

Ⅰ.别… Ⅱ.李… Ⅲ.住宅—风水—图解 Ⅳ.TS241—64

中国版本图书馆CIP数据核字（2008）第190780号

ZHUANGSHISHIJIE(2)—— BIESHUFENGSHUI
装饰世界（2）——别墅风水

主　　编	李东秀	
责任编辑	陈正云	
封面设计	汤长城	
出版发行	南海出版公司　电话（0898）66568511（出版）65350227（发行）	
社　　址	海南省海口市海秀中路51号星华大厦五楼　邮编　570206	
电子信箱	nanhaicbgs@yahoo.com.cn	
经　　销	新华书店	
印　　刷	深圳市彩美印刷有限公司	
开　　本	889mm×1020mm　　1/16	
印　　张	16.5	
版　　次	2010年8月第2版　　2010年8月第1次印刷	
书　　号	ISBN 978-7-5442-2287-7	
定　　价	98.00元	

南海版图书　版权所有　盗版必究

购书电话：（0755）83476130
http://www.ch-jinban.com